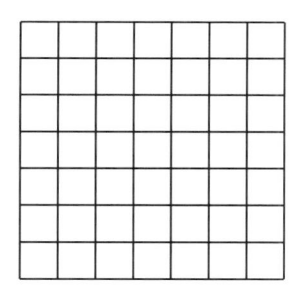

書ける！
英語ライティング
問題

奥中規夫 + **ランダル・オエン・ペニントン Jr. 著**
Norio Okunaka + Randall Owen Pennington Jr.

KENKYUSHA

はしがき

　本書は、インターネット上の週刊メールマガジンに連載していた英語ライティング講座に大幅な加筆をして出来上がったものです。

　大学受験や英検、TOEFL など英語ライティングを必要とする人に向け、模範となる英文とともに書き方を紹介しています。パラグラフの構成や、注意が必要な表現、長いエッセイの作り方など、基礎から応用まで段階を踏みながら説明しているので、この1冊を読めば英語ライティングの具体的なイメージがつかめるはず。自分に合ったペースでじっくり取り組んでください。本書を読んで「英語で書いてみたくなった！」「書けそうな気がしてきた！」と思っていただけたら望外の喜びです。

　連載中から多くの人に助けられて書き上げることができました。この場をかりてお礼を申し上げます。

　まず、メールマガジンを毎週読んでくれた皆さん、そして、課題の英作文を書いてくれた生徒の皆さん、さまざまな助言で支えてくれた河合塾の米山達郎さん、いつも励ましてくれた研究社の佐藤陽二さん、最後に、わが「相棒」ランダル・ペニントンさん、どうもありがとう！

2011 年初夏
奥中　規夫

著者紹介

奥中　規夫 (Okunaka, Norio)

　山口県下関市に生まれる。上智大学文学部卒業。河合塾講師として福岡や広島の校舎で教壇に立つほか、多くの模擬試験やテキストの作成にもたずさわっている。こよなく愛するものはイラン映画とルネサンス音楽、晴れた日のビール。著書（編集協力）に「対訳 英語で読もう『星の王子さま』」（第三書房）がある。一般英語学習者や大学受験生を対象にした英語学習メルマガを友人たちと一緒に発行している。

(http://www.mag2.com/m/0001130471.html)

ランダル・オエン・ペニントン Jr.
(Randall Owen Pennington Jr.)

　米国ニュージャージー州出身。福岡在住。ウェストヴァージニア大学やテンプル大学（TESOL 修士号）で学び、日米で 25 年にわたって英語教師として活躍。学生時代はマーチングバンドに所属し、現在も卒業生バンドの一員として世界ツアーに参加している。

目　次

はじめに　1

第1章　パラグラフの基本　3
第 1 講　トピック文について・その1──4
第 2 講　トピック文について・その2──8
第 3 講　トピック文について・その3──11
第 4 講　支持文について──14

第2章　100語の英文に挑戦！　17
第 5 講　100語の英文ライティング・その1──18
第 6 講　100語の英文ライティング・その2──22
第 7 講　100語の英文ライティング・その3──26
第 8 講　100語の英文ライティング・その4──29
第 9 講　100語の英文ライティング・その5──33
第10講　100語の英文ライティング・その6──36
第11講　100語の英文ライティング・その7──40
第12講　100語の英文ライティング・その8──44
第13講　100語の英文ライティング・その9──48
第14講　100語の英文ライティング・その10──52

第3章　150語の英文に挑戦！　57
第15講　150語の英文ライティング・その1──58
第16講　150語の英文ライティング・その2──62
第17講　150語の英文ライティング・その3──66
第18講　150語の英文ライティング・その4──69
第19講　150語の英文ライティング・その5──72
第20講　150語の英文ライティング・その6──75

第21講　150語の英文ライティング・その7——78
第22講　150語の英文ライティング・その8——81
第23講　150語の英文ライティング・その9——85
第24講　150語の英文ライティング・その10——88
第25講　150語の英文ライティング・その11——91
第26講　150語の英文ライティング・その12——95

第4章　200語の英文に挑戦！　99

第27講　Introduction と Conclusion について——100
第28講　200語の英文エッセイ1——105
第29講　200語の英文エッセイ2——110
第30講　200語の英文エッセイ3——114
第31講　200語の英文エッセイ4——118
第32講　200語の英文エッセイ5——122
第33講　200語の英文エッセイ6——126
第34講　200語の英文エッセイ7——130
第35講　200語の英文エッセイ8——134

第5章　300語以上の英文に挑戦！　139

第36講　300語の英文エッセイ1——140
第37講　300語の英文エッセイ2——145
第38講　300語の英文エッセイ3——149
第39講　300語の英文エッセイ4——153
第40講　300語の英文エッセイ5——157

おわりに　161

はじめに

　本書では、ネイティブ・スピーカーに正確にメッセージを伝えるためのコミュニケーション能力を養うことを目標とし、パラグラフの概念をふまえた英文の作成を行います。100語前後の文（1パラグラフ）から始め、150語（一橋大の入試などで出題されます）、200語（英検1級や東京外語大入試）と次第に長くして、300語以上（TOEFL）の英文エッセイが書けるところまで進めていきます。

　英文を書けるようになるために、最初に必要な作業は何でしょうか。

　それは「読む」ことです。英文を読んだことのない人が英文を書けるわけがありません。英語を話せる人が英文を書けるとも限りません。英語でも日本語でも同じこと。文章を書くには、会話とは違う知識や経験が必要です。書くときのお手本となる英文が頭に入っていることが必要なのです。

　もちろん丸暗記してそのまま書き写すということではありません。すぐれた文章をたくさん読んで、そのイメージをつかみ、構成や文体を模倣するところから始めましょう。これまでも教科書などでたくさんの英文に接してきたと思いますが、これからはいっそう意識して読んでください。

　この本では、そんなお手本になるような英文を各講で紹介していきます。暗唱できるほど何度でも読んで、模範的な英文の明確な像を頭に刻みつけてください。

パラグラフについて

パラグラフ（Paragraph）は、単なる「段落」とは違います。パラグラフとは、「1つのまとまった内容を述べるさいの単位」と考えればいいでしょう。あくまでも考えを伝えるための文であり、形式・説得力が重視されます。構成に一定の決まりがあるので、これを守って書くことが前提です。

なお、**エッセイ**（Essay）は3つ以上のパラグラフから構成される文章を指します。

パラグラフは1つの**トピック文**（Topic Sentence）と呼ばれる文で始まります。これは、そのパラグラフが何について述べているのかを明確に示し、書き手の考え（**主題**）を端的に表します。ふつう、1つのセンテンスで簡潔に述べなければなりません。

次に、複数の**支持文**（Supporting Sentences）が続きます。ここで、トピック文に述べた考えが説得力を持つよう、詳細な説明を加え、例などを挙げながら論証します。

最後に来るのが**結び**（Conclusion）です。あらためてパラグラフのポイントを提示するのが役目なので、絶対に必要というわけではありません。省略することも可能です。

第1章
パラグラフの基本

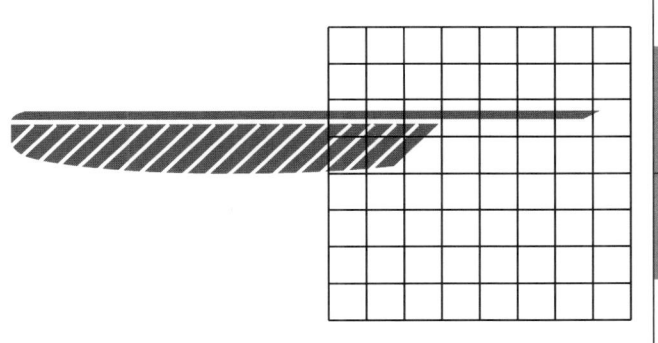

第1講 トピック文について・その1

パラグラフのしくみを実際に見てみましょう。

次に示すのは、大学入試センター試験で出題された英文です。①（トピック文）には、どのような文が入ると思いますか。

(①) ② Without a dress code, students could wear clothing that is offensive, inappropriate, distracting, or threatening. ③ Clothing with offensive slogans and pictures that promote drugs, alcohol and smoking should not be allowed. ④ Pictures and slogans which are offensive to race and gender should not be allowed, either. ⑤ Clothing with distracting pictures or writing could take students' attention away from studying, which is why students are here. ⑥ Being in a school with no dress code would be very bad.

---

②〜⑥の文を読んでみましょう。まず、②では「dress code（服装規定）がなければ、生徒は不適切な服を身につけかねない」と述べていることから、「学校での服装」がテーマとして取り上げられていることがわかります。さらに、could wear … と仮定法で書かれているので、筆者は dress code が存在しないことを非現実的だと捉えていることがうかがえるでしょう。

続いて、③④の文ではともに should not be allowed（許可すべきでない）という表現が使われています。不適切な服装を具体的に例示し、制約を課すことを筆者は求めているようです。さらに、⑤では「生徒の注意を勉学からそらす」と、これも不適切な服装が持つ問題点の指摘。

最後の⑥（結び）では「dress code の存在しない学校に在学することは有害だ」と述べており、不適切な服装に対し一貫して批判的な姿勢であることがはっきりとわかります。

以上が支持文と結びの内容でした。

実際の英文では、トピック文に当たる ① は、There needs to be some limitation

to what students can wear to school. となっています。これでわかるように、トピック文は筆者の主張であり、最も言いたいことを端的に述べた文です。②～⑤の支持文は主張の論拠で、これによって読者を納得させるものですから、内容にはまったくブレがありません。単純すぎると言ってもいいほどの構成です。

　このように、文章の主題や結論を最初に提示してしまうのが**トピック文**の役割ですが、これとよく似たものを私たちは毎日目にしています。それは新聞や雑誌の記事の**見出し**。

　読者はまず見出しに接して興味を引かれ、本文を読んでみようとします。最後まで読まないと何について書いてあるかわからない記事など、読む気になれないでしょう。効率も悪いですね。

　パラグラフでは、まず見出しを示し、読み手にある程度準備をさせておいてから本文に入っていくことで、正確に伝達することが求められます。つまり、新聞記事のような文章です。みなさんも記者になったつもりで、魅力的な見出し＝トピック文を書いてください。結論でもあるわけなので、支持文を書いてから、あらためて考えてもいいでしょう。

■ パラグラフの構造

　英文例の内容を整理します。今後パラグラフを書く場合、事前にメモを作る際の参考にしてください。

---

① (トピック文)「生徒の服装には制約が必要だ」
↓
②～⑤ (支持文)
② (論拠) 服装規定がなければ、生徒は不適切な服を身につける。
↓
③ (「不適切な服」の例1) 不快なスローガンや絵の描かれた服を許可するべきではない。
④ (「不適切な服」の例2) 人種や性に侮辱を与える絵やスローガンも許可するべきではない。
⑤ (「不適切な服」の例3) 気を散らせる絵や言葉の書かれた服は生徒たちの注意を学業からそらす。

⑥（結び）服装規定の存在しない学校に在学することは有害だ。

◎ 全訳

　生徒が学校に着ていくことのできるものには何らかの制約が必要だ。服装規定がなければ、生徒は不快感を与えたり、不適切だったり、気を散らせたり、脅したりするような服を身につけかねない。麻薬やアルコールや喫煙を奨励する不快なスローガンや絵の描かれた服を許可するべきではないし、人種や性に侮辱を与える絵やスローガンも同様だ。気を散らせる絵や言葉の書かれた服は生徒たちの注意を、生徒の本分である学業からそらすかもしれない。服装規定の存在しない学校に在学することは有害だろう。

◎ 語句について

　英文例の中で、少し説明を要する箇所や、ライティングのヒントになりそうな表現です。◎はぜひ知っておいてほしい項目。重要なものは何度でも取り上げます。

・some limitation「何らかの制約」
※some limitations「いくつかの制約」との違いに注意。
◎dress code「服装規定」
◎race「人種」　※もちろん「競走」の意味でも使われます。
◎take A's attention away「Aの注意をそらす」
・studying, which is why students are here「生徒の本分である学業」
※直訳は「勉強すること、それが生徒がここ（＝学校）にいる理由だ」。このwhyはthe reason whyということ。

【ポイント】トピック文の表現 1

　トピック文によく使われる表現をいくつか押さえておきましょう。
　たとえば、「私は A に賛成だ」は I agree with A で表します。「反対だ」なら、I disagree with A です。

・I agree [disagree] with the opinion that students should wear uniforms.
「学生は制服を着用するべきだという意見に賛成[反対]だ」

　なお、agree on A は「A の点で意見が一致する」、agree that SV は「…という点で意見が一致する」の意味になります。

・They agreed on the need for free and fair elections.
「彼らは自由で公正な選挙が必要だという点で意見が一致した」
・We agreed that the project would be postponed.
「その計画を延期するという点で私たちは合意した」

第2講 トピック文について・その2

次の英文のトピック文（①）を下のa.からd.の中から選んでみましょう。これもセンター試験で出題されたものです。

（　①　）② We all have some tough times, and we need someone to talk to at such times. ③ No matter how many friends you have, your problems can't be solved unless you have someone you can trust. ④ Having many friends doesn't always mean that their advice will help you solve your problems. ⑤ I have just two good friends, but I know I can rely on them for anything I need. ⑥ I think this is far better than having lots of friends.

a. Having many friends is related to people's happiness in life.
b. You should help friends whenever you can.
c. People can be satisfied if they have many friends.
d. Quality is more important than quantity in friendships.

支持文を読んでみます。②では、苦境に立ったときに相談できる人が必要であるという、誰もが納得できる内容が述べられています。

③④ではfriendsという言葉が用いられ、テーマが友人であること、しかも、いざというとき頼りにできる友人に焦点が当てられていることがわかります。No matter how many friends you have（友だちが何人いようと）とありますから、数は問題ではないようですね。⑤は自分の実生活を例に挙げて主張を裏づけています。⑥ではI think ... として、あらためて主張を述べています。

表面的なつきあいの友人をたくさんもつよりも、少数でいいから、苦しいときに信頼できる友がいることを重視しているのがわかるでしょう。

①に入る文はd.「友人関係は量よりも質が大切だ」です。

パラグラフの構造

英文は以下のように展開しています。

① （トピック文）「友人関係は量よりも質が大切だ」
↓
②～⑥（支持文）
② 苦境に立ったときに相談できる人が必要だ。
↓
③④ 人数は関係ない。
↓
⑤ 筆者には2人しか友だちがいないが、信頼できる。
↓
⑥ 少数でも信頼できる友を持つほうが良い。

全訳

友人関係は量よりも質が大切だ。誰でもつらいときがあるが、そのようなときには話し相手が必要になる。友だちが何人いようと、信頼できる人がいないかぎり問題の解決にはならない。友だちが大勢いるからといって、必ずしもそのアドバイスが問題解決に役立つとは限らないのだ。私には2人しか友だちがいないが、必要なことは何でも頼れると知っている。このほうが、大勢の友だちを持つよりもはるかに良いと私は思っている。

語句について

◎have a tough time「苦境に立つ」
◎no matter how … SV「どんなに…でも」
・Having many friends doesn't always mean that …「友だちが大勢いるからといって、必ずしも…とは限らない」
※直訳は「大勢の友だちを持つことは必ずしも…を意味しない」
◎rely on A for B「AにBを頼る」

【ポイント】トピック文の表現２

「私の意見では」は in my opinion で表します。（×）according to my opinion とする誤りをよく見かけますが、according to 〜は第三者の発言に用いてください。

・In my opinion, how many friends you have is not so important.
「私の意見では、友だちが何人いるかはそれほど重要ではない」
cf. According to the newspapers, the President will arrive here today.
「新聞によると、大統領は今日当地に到着するそうだ」

第3講 トピック文について・その3

　実際にトピック文を書いてみましょう。次の英文をよく読んで、① にふさわしい「見出し」を作ってください。

　（　①　）② Teenagers who enjoy playing video games are likely to attempt the tricks that they see. ③ This could lead to serious injuries. ④ On the other hand, however, playing certain video games allows people to gain skill in using their eyes and hands at the same time. ⑤ Having such skills can help them increase their enjoyment of sports activities.

以下に、使えそうな表現を挙げますので、参考にしてください。

- promotion [advance] of health「健康増進」
- reflexes「反射神経」
- physical responses「身体反応」
- be helpful [useful / of help]「役立つ、有益だ」
- improve / develop「〜を向上させる」
- athlete「運動選手」

　支持文に目を通しましょう。② では、若者が TV ゲームに影響されて「技」を実際にやってみることがよくあると述べられています。具体例の提示ですから、① には抽象的な内容が相応しいと言えるでしょう。

　③ では一応 TV ゲームの危険性に触れるものの、すぐに ④ で「目と手を同時に使う訓練になる」という具体的な長所を指摘します。結局、筆者は TV ゲームに対して肯定的であることが読み取れますね。

　⑤ でも具体的に、スポーツ活動につながることを示唆していることから、やはり筆者は TV ゲームが身体の健康に良いと言いたいようです。

さて、① に入れるのに相応しい文を考えてみましょう。テーマはもちろん video games で、この言葉を外すわけにはいきません。そして、これが身体にとって有益であることに言及するのが不可欠です。したがって、「TV ゲームは身体にとって有益だ」が最も簡潔な文案となりますが、あまり単純すぎるかもしれませんね。そこで、もう少し工夫して説明的な言葉を加え、① (A)「TV ゲームは健康増進に役立つ」、① (B)「TV ゲームは反射神経を向上させる」などとすると、内容の意外性もあって、かなり優れたトピック文になるのではないでしょうか。
　上に挙げた表現を用いて① (A) を英文にすると、

① (A) Video games are helpful in the promotion [advance] of health.

などと書けます。
　② (B) を英文にする場合、「反射神経」を physical responses（身体反応）とすることもできるでしょう。したがって、

② (B) Video games help improve reflexes [physical responses].

などが考えられます。なお、文中のほかの箇所に登場する表現をここで使うのは安易な感じになってしまうので極力避けたいものです。注意してください。

■ パラグラフの構造

英文は以下のように展開しています。

① (トピック文)「TV ゲームは健康増進に役立つ」/「TV ゲームは反射神経を向上させる」
⬇
②〜⑤ (支持文)
② (論拠) TV ゲームに影響されて技を実際にやってみる若者がいる。
⬇
③ (譲歩) これは大怪我につながりかねない。
⬇

④（逆接＋主張）だが一方で、目と手を同時に使う技能を身につけることができる。

⬇

⑤（付加）スポーツ活動の楽しみを増やすことにも役立つ。

◎ 全訳

（A）TV ゲームは健康増進に役立つ。（B）TV ゲームは反射神経を向上させる。TV ゲームの好きなティーンエージャーは、ゲームで目にする技を試してみることがよくある。これは大怪我につながりかねない。だが一方で、ある種の TV ゲームをすることで、人々は目と手を同時に使う技能を身につけることができる。そのような技能を持つことは、スポーツ活動の楽しみを増やすことにも役立つのである。

◎ 語句について

◎be likely to *do*「…する可能性が高い、…する傾向がある」
◎lead to A「A につながる」
◎on the other hand「一方で」
◎allow O to *do*「O が…するのを可能にする」
◎help (O) *do*「(O が)…するのを助ける、…するのに役立つ」

【ポイント】トピック文の表現３

It is important to *do* …（to *do* 〜）は「(〜するには) …することが重要だ」という表現です。単純ですが、トピック文として自然で使いやすいために便利な表現です。

・It is important to learn about food to stay healthy.
「健康を維持するには食品について知ることが重要だ」

以上でトピック文については終わります。

第4講　支持文について

ここから**支持文**（Supporting Sentences）の書き方に移ります。

これはパラグラフの**本体**（Body）と言ってもいいもので、ここでいかに説得力ある内容を盛り込むかにパラグラフの成否がかかっているのです。

詳しくは追々お話ししていきますが、まずは最も基本的な型として、次の構成で書く練習をしましょう。

> 「論拠1＋補足・説明」＋「論拠2＋補足・説明」

つまり、2つの論拠を挙げ、それぞれに補足や説明を加えるというパターンです。1つの論拠だけで説得力を持たせることは通常は認められません。角度を変えて2つの見方を提示することで、論者が単純な、偏った思考をしておらず、複眼的な視野を持って述べていることが示されます。

また、それぞれの論拠には補足や説明を付すことが不可欠です。論拠も1つの主張ですから、どのような事実や考えに基づいて述べているのか示さなければなりません。

では、その形式で書かれた次のパラグラフをよく読んで、空欄に相応しい文を10語以内で入れてください。

The elderly should live with their families rather than in nursing homes. First, they would feel happier and more at ease with the people they know well and who know them well. It is natural that in your last days you want to live with the people you have loved all your life. Second, (　　　). Highly-qualified staff members are rare and the equipment is often inadequate; it costs so much money to live comfortably in the facilities.

第1文から読んでいきましょう。「高齢者は老人ホームでなく、自分の家族と暮らすべきだ」というのがトピック文ですね。次に、First（第一に）とあって、ここ

からが支持文。「互いによく知っている人、つまり家族と暮らすほうが幸せだし安心だ」という内容です。次がその説明で、「人生最後の歳月には生涯かけて愛してきた人と暮らしたいと思うのが自然なのだから」と前文を補足しています。

さて、続いて Second (第二に) とあり、2つめの論拠が述べられているところが空欄です。それに続く文では、「有能なスタッフはまれだし、設備も不十分であることが多い。施設で快適に暮らすにはお金がかかる」と、老人ホームに関する問題点が指摘されているのがわかります。ですから、空欄には、老人ホームのサービスについて批判的な言葉が相応しいことになるでしょう。

ただし、「老人ホームはサービスが貧弱だ」などと断定的に書くのでは、読み手はただちに「そうではない施設も多い」と反論できるでしょう。すべての老人ホームに当てはまる内容ではないからです。短絡的な発想をしていると見なされないよう、慎重な表現を心がけましょう。たとえば、<u>many nursing homes cannot offer sufficient services</u> などとするだけで、読み手からの反論はかなり抑えられ、正確な内容を述べていることになります。簡単に揚げ足を取られるような言い方になっていないか、自分の文章を客観的に読む習慣を身につけてください。第一の論拠とは異なる視点から述べるところにも注意しましょう。

■■ パラグラフの構造

英文は以下のように展開しています。

---

① (トピック文)「高齢者は老人ホームでなく、自分の家族と暮らすべきだ」

⬇

②〜⑥ (支持文)

② (第1の論拠：他人より家族) 家族と暮らすほうが幸せだし安心だ。

⬇

③ (②の補足) 生涯かけて愛してきた人と暮らしたいと思うのが自然だ。

⬇

④ (第2の論拠：老人ホームの問題点) 十分なサービスを提供できていない施設が多い。

⬇

⑤ (具体例1) 有能なスタッフはまれだし、設備も不十分なことがよくある。

⑥ (具体例2) 快適に暮らすには多額のお金がかかる。

全訳

　高齢者は老人ホームでなく、自分の家族と暮らすべきである。第一に、互いによく知っている人と一緒にいるほうが幸せだし安心だ。人生最後の歳月には、生涯かけて愛してきた人と暮らしたいと思うのが自然なのである。第二に、多くの老人ホームは十分なサービスを提供できていない。有能なスタッフはまれだし、設備も不十分なことがよくある。施設で快適に暮らすには多額のお金がかかるのである。

語句について

◎the elderly (＝elderly people)「高齢者」
※お年寄りを表す語句として、old people や the aged はなるべく避けること。失礼な響きがあります。
◎… rather than ～「～よりはむしろ…」
◎feel at ease「くつろぐ」
◎it costs O to do「…するのに O (＝金額) がかかる」

【ポイント】断定を避ける慎重な言い回し

　上に挙げた many や most のほかにも、いろいろな表現があります。

(1) (動詞) appear / seem など。
He believes that I will agree. ➡ He seems to believe that I will agree.

(2) (副詞) almost / probably / perhaps / largely / often / usually
Their answer is incorrect. ➡ Their answer is largely incorrect.

　これらを適切に用いることで、論理の破綻を避けましょう。

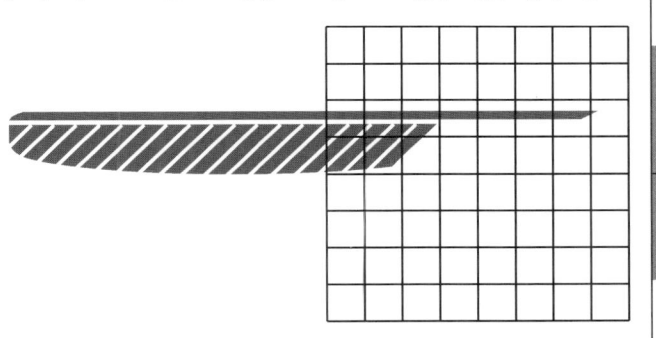

第2章
100語の英文に挑戦!

第5講 │ 100語の英文ライティング・その1

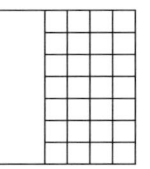

本講から演習に入ります。次のテーマについて、100語前後のパラグラフを書いてみましょう。

　　Is it better to marry later than earlier?

この内容に対して**賛成**の立場から英文を作成してください。

まず、第1文で自分の主張を明確に示します（**トピック文**）。第2文以降でその論拠（**支持文**）ですが、今回は以下の2点を論拠の柱としましょう。

(1) 経済的に自立ができているから。
(2) 自分が本当にしたいことを見つけているから。

結びの文は必要ありません。

■ 参考表現

英文を書く際に、以下の語句を参考にしてください。

・economically / financially「経済的に」
・be independent「自立している」
・provide for [support] *one's* family「家族を養う」

■ ライティングのためのプラン

書く手順として、まず内容を日本語で簡単に箇条書きしてみましょう。大体1文を15～20語で構成すると考えると、全体は5～7文になります。たとえば5文なら、次のような**展開図**を基にします。

① (トピック文) 早婚より晩婚のほうがよいと思う。

⬇

② (第1の論拠) 若いと経済的に自立できていないので、家庭生活をうまく営めない。

　➡③ (第1の論拠の補足) まず自立してから家庭を持つべきだ。

⬇

④ (第2の論拠) 自分のしたいことが見つかっている。

　➡⑤ (第2の論拠の補足) 精神的に安定し、転職などで家族を困らせることもない。

補足や説明は、このように無理せず常識的なことを付け加えれば十分です。

次に、このメモに基づいて英文を書いていきます。和文英訳問題ではありませんから、メモの日本語にとらわれず、自分のよく知っている平易な言い方を使いましょう。初めの考えにこだわらないで、適確な表現を思いついたらそちらを生かすのがコツです。

今回は次ページの【語句について】も利用してください。

英文例

この本では Dr. Randall O. Pennington Jr. に課題文を書いてもらいます。ペニントンさんはアメリカ人で、日本の大学でも教えておられます。

　　I think it is better to marry later than earlier in life. Most people cannot support themselves financially when they are young, so if they marry early and start a family, they may not be able to do well. You should first stand on your own feet and then consider having a family. In addition, being economically independent means that you should know what you want to be. You should no longer be unsure of what to do, or switch from one job to another and you should be mentally stable enough to provide for your family. (97 words)

第1文では「早婚よりも晩婚のほうがよい」という主張を端的に述べます。第2文は「経済的自立」について。Most や may などの使い方に注意してください。慎重な言い回しを用いて反論を封じているところです。第3文は補足。第2文が少し長くなったので、簡潔にまとめてあります。

次に、In addition（さらに）として、もう1つの論拠です。「人生の目標が固まっていること」に言及していますね。このように、第一の論拠とはかなり違った角度から書くことで、問題を大きな視野から捉えていることを示すことができるのです。そして最後の文では、前の文で述べたことについて具体的な表現（switch from one job to another「職を転々とする」、provide for your family「家族を養う」）を用いながら説明しています。

◎ 全訳例

私は早婚より晩婚のほうがよいと思う。若いときは経済的に自立できていない人がほとんどだから、早く結婚して家庭を持っても、うまくいかない可能性がある。まず自立し、そのあとで家庭を持つことを考えるべきだ。さらに、経済的に自立できているということは、自分が何になりたいかをわかっていることを意味する。何をすべきか確信がなかったり、職を転々としたりすることも、もうないだろうし、家族を養うのに十分、精神的に安定しているだろう。

◎ 語句について

◎support *one*self「自活する」
◎do well「うまくやる、成功する」
◎stand on *one's* own feet「自立する」
◎consider *do*ing「…することを考慮する」
◎in addition「さらに、その上」
※what is more もほぼ同じ意味。合わせて覚えておくといいでしょう。
◎no longer「もはや…ない」
◎switch from one job to another「職を転々とする」
◎enough to *do*「…するほど十分」

👉【ポイント】トピック文の表現 4

　上記の問題のテーマは Is it better ... ? と疑問文で書いてありますが、パラグラフを Yes, it is. などで始めてはいけません。第 1 文は見出しのようなものであることを思い出してください。読み手がテーマを知らないまま目にするという前提で書きましょう。
　たとえば今回なら、次のような文が考えられます。

a. I think it is better to marry later than earlier in life.
b. In my opinion, it is far better to marry later than earlier.
c. You should marry later rather than earlier.

　ご存じのように、英検 1 級の筆記試験でもよく疑問文でテーマが示されています。しかし、答案はそれに応答する形ではなく、適切なトピック文で始めましょう。

第6講 100語の英文ライティング・その2

前回と同じ要領で、逆の立場から書いてみましょう。

Is it better to marry later than earlier?

これに**反対**の立場から、100語ほどのパラグラフを作成してください。

まず、第1文で自分の主張を明確に示します（**トピック文**）。第2文以降でその論拠（**支持文**）ですが、今回は次の2点を柱とします。結びの文は必要ありません。

(1) 早婚のほうが子どもをたくさん持てるから。
(2) 子育てを早く終えて老後を楽しめるから。

参考表現

英文を書く際に、以下の語句を参考にしてください。

・bring up [raise] *one's* child [children]「子どもを育てる」
・old age「老後」
・retirement「引退」

ライティングのためのプラン

以下の**展開図**を基にします。

① （トピック文）晩婚より早婚のほうがよいと思う。
　⬇
② （第1の論拠）子どもをたくさん持てる。
　➡ ③ （第1の論拠の補足）晩婚では子どもを持てないかもしれない。

④（第2の論拠）子育てを早く終えられる。
➡⑤（第2の論拠の補足）子どもが自立しているので老後を楽しめる。

◎ 英文例

では、英文例を見てみましょう。

> In my opinion, it is far better to marry earlier than later. First, if you marry later in life, you are less likely to have many children, or you may not be able to have any at all. People who want to have lots of children should marry as early as possible. Second, to marry early and have children means that although you may have a hard time raising them, you can finish it early ― while you are still quite young. You can fully enjoy your retirement life without having anxiety about your children, who will already be completely independent.（100 words）

第1文は「晩婚より早婚が良い」と述べるトピック文。**論拠**は、First（第一に）、Second（第二に）として2つ挙がっているのがわかるでしょう。なお、列挙するときにはほかに、One (reason) is ...（1つ（の理由）は…）、Another is ...（もう1つは…）と書くこともできます。

そして、それぞれの論拠に**説明**を補います。論理的に無理のない内容になるように気をつけてください。ここでは、第一の論拠として「晩婚だと子どもが持てないかもしれない」と述べ、「だから子どもをたくさん持つには早く結婚するほうがいい」とまとめています。

第二の論拠も「子育てが早く終わる」、だから「老後をゆったり楽しめる」という無理のない展開です。

論拠はこのように、具体的であることが大切。「抽象的なことを論じる場合には具体例を挙げる」という習慣を身につけましょう。

◎ 全訳例

　私の意見では、晩婚よりも早婚のほうがはるかによい。第一に、晩婚の場合、多くの子どもを持てる可能性は低くなるか、あるいは、まったく1人も持てないかもしれない。子どもがたくさんほしい人は、できるだけ早く結婚するべきだ。第二に、早く結婚して子どもを持てば、子育てに苦労はするかもしれないが、それを早く終えることもできる——まだかなり若いときに。子どもはすでに自立しているだろうから、子どもに対する心配もなく、引退生活を十分に楽しむことができるのだ。

◎ 語句について

◎in *one's* opinion「…の考えでは、意見では」
◎far better「はるかによい」
※この better は good の比較級。far は比較級を強調し、「はるかに、ずっと」を意味します。
◎be likely to *do*「…する可能性が高い」
◎not … any at all「まったく1人も…ない」
※この any は any children のこと。at all は否定を強調し、「まったく…ない」の意味になります。
◎as … as possible「できるだけ…」
◎have a hard time *do*ing「…するのに苦労する」
・have anxiety about A「A について心配する」

【ポイント】名詞と冠詞について 1

　aやtheなどの冠詞をどうするかは英語学習者にとって頭の痛い問題ですが、むしろ神経質になって大きなところがおろそかにならないよう気をつけたほうがよいでしょう。一般論を述べるときは、基本的に複数形の名詞を用います。冠詞がなくても不自然になりにくいのでオススメです。単数形を用いる場合、冠詞やmy、yourなどの語を付けるほうが標準です。もちろんat schoolやby trainなどのイディオム表現や、抽象名詞など、例外的に付けないものもありますが、あくまでも例外ですから、何も付けないのが不自然に感じられる意識を持つことが大切です。

第7講 100語の英文ライティング・その3

次の英文に対して、**反対**の立場から100語程度の英文を作成してください。

> Agree or disagree: Modern society should value tradition more.

まず、現代社会を批判的に述べましょう。もちろん、具体例を挙げること。次に「むしろ伝統を捨て、新たな社会を作ることを目指すべきだ」と主張してください。

■ 参考表現

英文を書く際に、以下の語句を参考にしてください。

- a mess「混乱状態」
- hunger / famine「飢餓」
- injustice「不正」
- a way to live「生き方」

■ ライティングのためのプラン

以下のような**展開図**を基にします。

① (トピック文) 現代世界で伝統的なやり方はもはや機能していない。
↓
② (論拠1) 時代は劇的に変わってしまった。
➡③ (具体例) 戦争や飢えなどの問題がいたるところにある。
↓
④ (論拠2) 新しい生き方や思想を探すべきである。
➡⑤ (説明) 過去に生き続けることはできない。
↓

⑥（補足）新しい生き方を見出すことが現代の若者にかかっている。

◎ 英文例

では、英文例を見てみましょう。

> The world is clearly a mess, and the way we have traditionally done things simply isn't working anymore. Times have changed dramatically. When we look at the world, we see wars, hunger, government scandals, religious conflicts and injustice everywhere. It is only natural that we should look for new ways to live and new ideas to guide our lives. While I think we can learn lessons from the past, we cannot continue living in the past. Our traditions have failed us and it is up to the youth of today to find a new and better way to live. (99 words)

英文例では、まず現代社会に対する批判的な立場が明確に示されています。tradition という**キーワード**もさりげなく入っていますね。過去との断絶をにおわせておきつつ、戦争や飢餓の問題など具体的な事柄への言及も忘れていません。そして、自然な流れとして、第4文からは新たな生き方を見出すべきだとの主張です。

While ... の文では、展開があまり一本調子にならないよう、過去の持つ価値にも一言ふれておくものの、すぐにまた元の主張に戻っています。このようなテクニックはみなさんもぜひモノにしてください。

しめくくりの文に用いられている fail や up to が使いこなせるようになったら、英文のレベルがずいぶん上がるはずです。これらもぜひ。

◎ 全訳例

世界は明らかに混乱状態だ。そして伝統的なやり方はもはやまったくうまくいっていない。時代は劇的に変わってしまった。世界に目をやると、戦争、飢え、政治スキャンダル、宗教対立、不正がいたるところにある。私たちが新しい生き方と、人生を導いてくれる新たな思想を探すべきであることは極めて当然なのだ。

過去から教訓を学ぶことができると私も思いはするが、過去に生き続けることはできない。伝統は私たちの役に立たなくなっており、新しい、よりよい生き方を見出すことは現代の若者にかかっているのだ。

語句について

◎the way SV「…するやり方」
◎simply not「まったく…ない」
◎not anymore「もはや…ない」
◎It is only natural that SV「…は極めて当然だ」
◎fail O「O の役に立たない」
◎up to A「A 次第だ、A にかかっている」

【ポイント】名詞と冠詞について 2

　冠詞をどうするかは一筋縄ではいかない問題です。焦ることなく経験を積んで、次第に身につけていきましょう。基本的に言えることとしては、定冠詞 the は相手にとって 1 つに絞れるもの、つまり、具体的に何・誰・どれを指しているかが読み手や聞き手に特定できるものに付けます。不定冠詞 a / an は複数あるうちの 1 つで、特定されていないものに付けます。

　あとは、実際に英文を読むときに意識するようにして、使い分けの感覚を少しずつつかんでください。

第8講 100語の英文ライティング・その4

前回の内容を参考にして、同じテーマを逆の立場から書いてみましょう。

> Agree or disagree: Modern society should value tradition more.

このテーマに対して、**賛成**の立場から100語程度の英文を作成してください。

やはり、現代社会を批判的に述べてください。伝統という、先人が積み重ねてきた知恵を捨てることの愚かさを訴えましょう。テーマは堅いですが、あまりこみいった話にはせず、簡潔に展開してくださいね。

参考表現

英文を書く際に、以下の語句を参考にしてください。

・abandon old things「古いものを捨てる」
・ignore the past「過去を顧みない」
・something innovative「革新的なこと」
・over a long period of time「長い時間をかけて」
・arrogant「傲慢な」

ライティングのためのプラン

以下のような**展開図**を基にします。

① (トピック文) 伝統を顧みないのは愚かで傲慢なことだ。

↓

② (論拠) 革新的なものは過去から学ぶことで作り出せる。
　➡③ (補足説明) 伝統とは長い時間をかけて集めた知恵や経験の宝庫だ。

↓

④ (引用による補強)「歴史から学ばない者は歴史を繰り返す」

⬇
⑤ (結び) 伝統を重んじなければ過去の過ちを繰り返す。

英文例

では、英文例を見てみましょう。

> Though the modern world often values what's "new" far more than what is older and traditional, it is foolish and arrogant to ignore traditions. Something innovative can be created by learning from the past, not by abandoning old things. We have a wealth of wisdom and experiences that were gathered over a long period of time. Traditions were born out of such treasure. George Santayana, a philosopher and novelist, eloquently summed up the problem in a very famous quote, "Those who do not learn from history are doomed to repeat it." If we ignore the past, we will surely make a future that is no different. (106 words)

　トピック文では、いきなり主張を書くのでなく、まず現状を提示し、それへの批判という形で主張を打ち出しています。**対比表現** (Though ...) を用いることで、書き手の考えを鮮明に表すという手法です。"new" に**引用符** (quotation mark) がついているのは、new という語の持つ肯定的な響きに対して書き手が懐疑的であることを示しています。

　論拠は、「過去から学んでこそ新しいものを創造できる」ということ。その創造の源泉が伝統だというわけです。ここで、伝統というものの肯定的な面を強く打ち出して説得力を高めているのがわかりますね。

　さらに、George Santayana (ジョージ・サンタヤナ) という人の言葉を**引用**しています。この人のこと、ご存じでしょうか。スペインで生まれ、子どものときにアメリカに移住し、ハーヴァード大学で哲学を学びました。自身もこの大学の哲学教授になりましたが、あまりいかめしい感じではなく、機知に富んだ言葉をたくさん残しています。こういう有名な人の言葉を引用することで自分の主張に説得力を持たせるのは、うまい方法です。みなさんも好きな言葉があったら、英語

で引用できるように暗唱しましょう。もちろん、ただ引用するだけで終わってはだめ。必ず自分の意見を付け加えることを忘れないでください。

◎ 全訳例

　現代世界はしばしば、古くて伝統的なものより「新しい」ものをはるかに重んじるが、伝統を顧みないのは愚かで傲慢なことだ。革新的なものは、古いものを捨てることによってではなく、過去から学ぶことによって作り出せる。私たちは長い時間をかけて集めた知恵や経験という富を持つ。そのような宝から伝統は生まれたのだ。哲学者であり小説家でもあるジョージ・サンタヤナはこの問題をよく引用される文で見事に総括している。「歴史から学ばない者は歴史を繰り返す運命にある」と。過去を顧みなければ、私たちは過去とまったく同じ未来を必ず作ってしまうのである。

◎ 語句について

・far more than ～「～よりもはるかに」
※この more は副詞 much の比較級。far は比較級を強調する副詞です。
◎by *do*ing …, not by *do*ing ～「～することによってではなく…することによって」
※A, not B「AであってBではない」の対照表現（➡【ポイント】）。なお、by *do*ing「…することによって」は「手段」を表します。
・be born out of A「Aから生まれ出る」
・a philosopher and novelist「哲学者兼小説家」
◎sum up「Oを要約する、総括する」
◎be doomed to *do*「…するよう運命づけられている」

◎ 参考

George Santayana (1863～1952) の名言：
・Love makes us poets, and the approach of death makes us philosophers.
　「愛は私たちを詩人にし、死の接近は私たちを哲学者にする」
・When men and women agree, it is only in their conclusions; their reasons are always different.
　「男女が結論を同じくするときも、双方の理由はいつもかけ離れている」

【ポイント】対照

　not A but B（A でなく B）のような表現はライティングで重要です。A と B という 2 つのものを「対照」させることで、筆者がどちらを重視しているかを明確に表すことができるからです。ほかに B, (and) not A、B rather than A、B instead of A などがあります。どれも「A でなく B」の意味です。A と B は文法的に対等なもの、つまり、名詞と名詞、副詞句と副詞句などです。

　また、この表現は次のような**強調構文** (It is ... that ～「～なのは…だ」) でもよく使われます。

・It was not because she said no but because she said it bluntly that I got angry.
「私が腹を立てたのは彼女が『いやだ』と言ったからではなく、それをぶっきらぼうに言ったからだ」

第9講 100語の英文ライティング・その5

ここでは日常的な話題を取り上げます。

　　Are 24-hour convenience stores necessary in Japan?

賛成の立場から100語程度の英文を書いてください。論拠として次の2点を盛り込んでみましょう。

（1）現代はさまざまな生活様式がある（深夜にしか買物ができない人もいる、など）。
（2）防犯に有効である。

参考表現

英文を書く際に、以下の語句を語句にしてください。

・lifestyle / way of living「生活様式」
・prevent crimes「犯罪を防ぐ」
・reassuring「人を安心させる」

ライティングのためのプラン

以下のような**展開図**を基にします。

① （トピック文）24時間営業のコンビニは必要だ。
⬇
② （論拠1）現代社会では生活様式が人によってまちまちだ。
⬇
③ （具体例1）深夜や早朝にしか買物に行けない人もいる。
④ （具体例2）早朝や深夜に外出せざるをえないことがある。

⬇

⑤ （論拠2）防犯に役立つ。

⬇

⑥ （具体例）深夜に照明のついた店を見つけると安心する。

◎ 英文例

では、英文例を見てみましょう。

> I think that 24-hour convenience stores are completely necessary in Japan. In this modern society, lifestyles vary from person to person; some have to drive a truck at night, while some can only go shopping late at night or very early in the morning. Of course, everyone sometimes has no choice but to leave home very early or late due to circumstances beyond their control. In addition, convenience stores could be effective in helping prevent crimes. When we have to walk home in the middle of night, it is reassuring to find a well-illuminated store on our way. (98 words)

今回は書きやすかったのではないでしょうか。まず、「賛成」の立場を明確にしたら、さっそく第一の**論拠**に入ります。現代においては、仕事のためばかりでなく誰でも何かの都合で深夜や早朝に買物をしなくてはならないことがあると具体例を挙げています。第二の論拠については、深夜にも営業している店があるおかげで夜道も安心、という説明です。どちらも思いつきやすい内容でしたね。あとは表現にできるだけ注意を払うこと。知識があやふやなものは避けて、確信の持てる言い方にしぼってください。工夫次第で平易に書けるはずです。

語彙力強化のために【語句について】を参考にして、今回の英文例の表現を確認しておきましょう。いつか使ってみてください。

◎ 全訳例

日本に24時間営業のコンビニは絶対に必要だと思う。現代社会では生活様式が人によってまちまちだ。夜間にトラックを運転しなければならない人もいれば、

夜更けや早朝にしか買物に行けない人もいる。もちろん、すべての人が、何か自分ではどうすることもできない状況のために早朝や深夜に外出せざるをえないこともあるのだ。さらに、防犯にもコンビニは役立つだろう。真夜中に歩いて帰宅しなければならないときなど、途中の道で煌々と照明のついた店を見つけるとホッとするものである。

◎ 語句について

◎vary from person to person「人によってまちまちだ」
※この言い方を知っておくと、The meaning of time varies from culture to culture. (時間の意味は文化によって異なる) や、The institution of marriage differs from country to country. (結婚制度は国によって異なる) などの文で応用できるでしょう。
◎have no choice but to *do*「…せざるをえない」
※簡単に書きたいときには、have to *do*（…しなくてはならない）でも十分です。
◎circumstances beyond their control「自分ではどうすることもできない状況」
※beyond には「能力の限界を超えている」という意味があります。beyond *one's* power（力が及ばない）、beyond words（言葉で言い表せない）など、いろいろな表現が可能ですから、ぜひマスターしてください。
◎in addition「そのうえ、さらに」（➡【ポイント】）
◎help *do*「…するのを助ける、…するのに役立つ」
※help という動詞は少し変わった使い方をします。慣れておくと応用できる幅は広いですよ。

【ポイント】And SV について

　日本語の「そして…」のつもりで、And SV と、文を And で始めないようにしましょう。必ずしも「そして」の意味を表すわけではありませんので、上の英文例のように**論拠の追加**なら、In addition や Besides、Moreover などが適切です。

第10講 100語の英文ライティング・その6

前回と同じトピックについて、逆の立場から書いてみましょう。

Are 24-hour convenience stores necessary in Japan?

反対の立場から100語程度の英文を書いてください。論拠は以下の2点です。

(1) 資源を浪費し、騒音を出す。
(2) 不健康な生活を助長する。

それぞれに補強となる文を付け加えてください。

■ 参考表現

英文を書く際に、以下の語句を参考にしてください。

- waste energy resources「エネルギー資源を浪費する」
- attract people「人をひきつける」
- stay up late「夜更かしをする」
- ruin *one's* health「健康を損なう」

■ ライティングのためのプラン

以下のような**展開図**を基にします。

① (トピック文) 24時間営業のコンビニは必要ない。
↓
② (論拠1) エネルギー資源の浪費と騒音問題。
↓
③ (具体例) 大量の電力を消費。

④ (論拠2) 不健康な生活の助長。

⑤ (具体例) 客だけでなく従業員にも弊害。

英文例

では、英文例を見てみましょう。

> I don't think that 24-hour convenience stores are necessary in Japan. First, they not only waste energy resources but are also a source of noise problems. Each store consumes a huge amount of electricity, is heavily illuminated both inside and outside of the store, and attracts a lot of people and cars at all hours of the night. Second, such stores facilitate people staying up later and ruining their health. Of course, among those people are not only the customers of the stores but also the staff members who work there and the truck drivers who deliver goods to each store. (101 words)

第一の論拠については、具体例をイメージしやすかっただろうと思います。一晩中つけっぱなしの照明だけでなく、エアコンや冷蔵庫なども挙げられますね。また、騒音はメディアでもよく取り上げられている問題。簡単に触れるだけで十分でしょう。

第二の論拠は、さまざまな角度から書くことができます。上の例では、夜更かしにつながることにからめて話題をふくらませ、店を利用する客だけでなく、そこで働く人のことも取り上げました。ほかに、夜遅く食事をする習慣がついてしまうことや、売られている食品の偏りなど、食生活を中心として展開することもできるでしょう。

前講でも言ったように、自分にとって書きやすい話題、つまり、自信を持って使える語彙が十分にあると思える話題に持ちこむことが大切。とても表現できそうにない内容はきっぱり捨てるという**仕分け** (sort out) を断行してください。

◎ 全訳例

　日本に24時間営業のコンビニは必要ないと思う。第一に、エネルギー資源を浪費するばかりでなく、騒音問題も引き起こすからだ。各店が大量の電力を消費し、店の内も外も煌々と照らし、一晩中、多くの人や車をひきつけている。第二に、このような店は、人々が夜更かしをしたり健康を損なったりするのを助長する。もちろん、そのような人の中には店に来る客だけでなく、店で働く従業員や各店に商品を配達するトラックの運転手も含まれている。

◎ 語句について

・a source of A「Aの源、原因」
➡ Lack of sleep becomes a source of stress.「睡眠不足はストレスの原因になる」
◎a huge amount of A「大量のA」
※「多数」の場合は、a huge number of A を用います。
◎illuminate O「Oを照明で明るくする」
➡ The large room was illuminated on all sides.「その広い部屋は隅々まで明るく照らされていた」
・facilitate A *do*ing「Aが…することを助長する」
※Aは動名詞 *do*ing の意味上の主語。
・among those people「そのような人の中に」
※以下の文は、are が動詞、not only … each store が主語。つまり、〈副詞句＋VS〉の構造になっています。
◎deliver A to B「AをBに配達する」
※名詞 delivery（配達）は日本語に入っていますね。
◎goods「商品、品物」
※これも日本語に入っています。複数扱いですが、(×) two goods など、数詞をつけることはできないので注意してください。なお、deliver the goods は定型表現として「約束を果たす、期待どおりの結果を出す」の意味で使うこともあります。
➡ You can trust Ted. He always delivers the goods.「テッドは信頼できるよ。約束は必ず果たすから」

【ポイント】よく見かける間違い1

「…するために」は to *do* で表せますが、「…しないために」は not to *do* では表せないので注意してください。必ず、in order [so as] not to *do* とすること。

(×) We remained silent not to wake up the baby.
(○) We remained silent in order not to wake up the baby.
　　「私たちは赤ん坊を起こさないために黙ったままでいた」

第11講 100語の英文ライティング・その7

次の英文に**賛成**の立場から100語前後の英文を作成してください。

English should be made an official language in Japan.

まず、第1文で自分の主張を明確に示します(**トピック文**)。第2文以降でその論拠(**支持文**)ですが、今回は以下の語句を必ず用いてください(順不同)。

- communicative ability
- the TOEFL test
- international stature

挙げられた3つの語句から英文のイメージを作り上げていく練習です。これは言うまでもなく、英検1級で出題される形式。少しずつ慣れていきましょう。

また、「もし英語が公用語になったら」と仮定してみるのも有効ですよ。何を書いていいかわからなくなったとき、突破口になることがよくあります。もちろん、仮定法を正しく使ってください。

■ ライティングのためのプラン

以下のような**展開図**を基にします。

① (トピック文) 英語を日本の公用語にすることが必要だ。
↓
② (論拠1) 日本は世界に通用するコミュニケーション力を持っていない。
  ➡③ (補足説明) TOEFLでの日本人の成績は世界最低レベル。
↓
④ (論拠2) 英語が公用語になれば、国際的な名声や威信を高めることができる。
  ➡⑤ (補足説明) 現代世界では国際言語でのコミュニケーションが重要。

◎ 英文例

では、英文例を見てみましょう。

> I think that making English an official language in Japan is both desirable and necessary. Japan now has the third largest economy in the world, but it doesn't have a world-class communicative ability in English. As a matter of fact, Japanese scores on the TOEFL test are among the lowest in the world. I believe that if English were made the official language in education, then Japan could grow in international stature and prestige because its people could communicate fluently with the outside world. Our world is increasingly connected, and communication in the international language, English, is becoming extremely important.（100 words）

　書こうとする文の内容について難しく考えすぎないでください。試験で出題される英作文の場合、内容に独創性は必要ありません。むしろ、誰でも納得できる穏当なもののほうがいいでしょう。求められているのは、あくまでも**英文を正確に書ける力**と**常識的な論理**です。

　物足りないかもしれませんが、まずは「まっとうな文を書く」ところから始めましょう。

　たとえば、今回の課題ですが、the TOEFL test のような**具体的なものは例示に使う**のが有効です。「では、何の具体例として？」「TOEFL の得点が上がることは何を意味する？」などと思いめぐらせてゆけば、おのずと文章の構成が浮かんでくるのではないでしょうか。英文例では、3つの語句を以下のように用いています。

（1）日本人の英語の「コミュニケーション力」が弱い。
（2）日本人の「TOEFL」での得点が低い。
（3）英語力が向上すれば、「国際的な名声」も高まる。

全訳例

　私は、英語を日本の公用語にすることが望ましいばかりでなく必要だと考える。日本は現在世界第3位の経済力を持っているが、英語では世界に通用するコミュニケーション力を持っていない。実のところ、TOEFLでの日本人の成績は世界最低レベルだ。英語が教育での公用語になれば、国民が諸外国とうまくコミュニケートできるようになって、日本は国際的な名声や威信を高めることができるだろう。現代の世界は結びつきが増し、英語という国際言語でのコミュニケーションが極めて重要になりつつあるのだ。

語句について

◎official language「公用語」
◎the third largest economy in the world「世界第3位の経済力」
※〈序数＋最上級〉で「…番目に～」の意味。
➡ Canada is the second largest country in the world [the world's second largest country] after Russia.「カナダはロシアに次いで、世界で2番目に広い国土を持つ国だ」
・communicative ability「コミュニケーション力」
◎as a matter of fact（＝in fact）「実際は」
◎are among the lowest in the world「世界最低レベルだ」
※直訳は「世界最低の間にある」で、「世界最低レベルの国々の1つである」ことを意味しています。
➡ Ichiro is among the best baseball players in the world.「イチローは世界最高の野球選手のひとりだ」
・if English were made …「もし英語が…」
※make O C（OをCにする）の受動態の文が仮定法で書かれています。then … prestige が主節です。
・grow in A「Aが増大する」
➡ Internet auctions are growing in popularity.「インターネット・オークションの人気が高まっている」
・international stature and prestige「国際的な名声と威信」

【ポイント】仮定法について

英文ライティングでは「もしこうなったら…」といった内容の、一種の思考実験と言えるような文章を書くことが多いため、**仮定法**が大活躍します。仮定法の基本パターンは学校文法でおなじみですが、うっかり使い忘れたり、まちがって使ったりすることが多いもの。書き換え練習などを重ねて確実にマスターしましょう。

●仮定法の基本パターン●

1. 現在の事実の逆を仮定

If English were made the official language in education, Japan could grow in international stature and prestige.

2. 過去の事実の逆を仮定

If English had been made the official language in education, Japan could have grown in international stature and prestige.

3. 実現の可能性がない（もしくは低い）仮定

If English were to [should] be made the official language in education, Japan could grow in international stature and prestige.

第12講 100語の英文ライティング・その8

次の英文に対して、**反対**の立場から英文を作成してください。

English should be made an official language in Japan.

まず、第1文で自分の主張を明確に示します（**トピック文**）。第2文以降でその論拠（**支持文**）ですが、今回は以下の動詞を必ず用いてください。

- force「強制する」
- undermine「土台を崩す、衰えさせる」
- retrain「再教育する」

ライティングのためのプラン

以下のような**展開図**を基にします。

① （トピック文）日本で英語を公用語にすることに反対だ。
↓
② （論拠1）文化やアイデンティティは言語と密接に結びついている。
↓
③ （論拠の展開）外国語の強制は文化やアイデンティティを破壊する。
↓
④ （論拠の展開）英語に日本の独自性の土台を崩させてはならない。
↓
⑤ （論拠2）教師の再教育などに必要な巨額の費用が社会を脅かす。
↓
⑥ （論拠の補足説明）英語への切替えに、少なくとも2世代はかかる。

◎ 英文例

では、英文例を見てみましょう。

> Making English an official language in Japan is simply a foolish idea. To be sure, English is now an important international language, but the culture and identity of a country are so intertwined with its language. Therefore, <u>forcing</u> a foreign language on any country would destroy its culture and identity. You shouldn't allow English to <u>undermine</u> the uniqueness of Japan. Further, the huge amount of money needed to <u>retrain</u> teachers and actually educate the public would threaten the society over a long period of time. It would easily take at least two generations to effect a switchover to English.（99 words）

今回も、特定の語を使うという制約がありましたが、むしろ、この3語から具体的な英文のイメージが浮かんでほしいところ。英文例で使ったのは次の3つです。

(1) 国に外国語を「強制する」
(2) 日本の独自性の「土台を崩す」
(3) 教師を「再教育する」

例によって、まず**反対**の立場を明確にしたあとで、論拠を述べます。

第一の論拠は「英語は日本の独自性を壊しかねない」ということ。民族の文化やアイデンティティは、その言語と切っても切り離せません。

第二の論拠は「実現した場合の経済的負担の大きさ」。英語が公用語になれば、当然教育などで莫大な費用がかかることになりますが、それが長期間続くことで社会を圧迫してしまうという主張です。

どちらの論拠も実現した場合を想定して、どのような問題が生じるかを考えています。ここで大切なのは、**仮定法**を用いなければならないこと。英文例の would のように、**助動詞の過去形**を多用することになります。気をつけないと、書いているうちにうっかり忘れてしまいがちです。書き落としがないか念入りに点検し

てください。

◎ 全訳例

　日本で英語を公用語にするというのは、まったく愚かな考えだ。確かに英語は今や重要な国際語だが、国の文化やアイデンティティは言語と密接に結びついている。それゆえ、どんな国にであれ外国語を強制すると、その国の文化やアイデンティティを破壊することになってしまう。英語に日本の独自性の土台を崩させてはならない。さらに、教師を再教育し、実際に大衆を教育するのに必要な巨額の費用は、長期間にわたって社会を脅かすだろう。英語への切替えを行なうのに、少なくとも2世代は確実にかかってしまうからである。

◎ 語句について

・simply「まったく」
◎To be sure …, but ～「確かに…だが、～」
※いったん譲歩してから、主張を強く打ち出す表現です（➡【ポイント】）。
・be intertwined with A「Aと織り合わせられている、密接に関連づけられている」
◎force A on B「AをBに強制する」
◎allow O to do「Oが…するのを許す、可能にする」
◎It takes O to do「…するのにOを必要とする」
・easily「疑いもなく、確かに」
◎at least「少なくとも」
※「多くとも、せいぜい」は at most。
・effect a switchover to A「Aへの切り替えを行なう」

【ポイント】譲歩 ➡ 逆接＋主張

　英語の論説文を読んでいるとき非常によく目にする表現がこれ。今回の英文例にも出てきました。いったん通説や通念に言及し、「だがしかし…」と、それとは逆の主張を打ち出します。主張の独自性が強く浮かび上がるので効果的だし、書くことに困ったら、主張と反対の内容に触れてみるという習慣をつけておくと試験でも役立つでしょう。少なくとも次の3つはぜひマスターしてください。

(1) To be sure [Of course / Indeed / Certainly] SV …, but SV …
(2) It is true (that) SV …, but SV …
(3) S may V …, but SV …

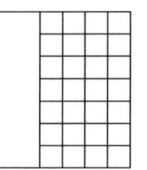

第13講 100語の英文ライティング・その9

3つの語句を用いて書く練習をもう少し続けましょう。以前取り上げたことのあるテーマですが、今回は下記の語句を使って、100語程度のパラグラフを書いてください。

Agree or disagree: Modern society should value tradition more.

これに**賛成**の立場から英文を作成してみましょう。以下の3つの語句を必ず織り込んでください。出てくる順番は問いません。

・more crime
・wisdom of millions of people
・maintain order

ライティングのためのプラン

以下のような**展開図**を基にします。

① (トピック文) 現代社会は伝統をもっと重んじるべきだ。
↓
② (論拠1) 個人の知識や経験には限界がある。
↓
③ (論拠の展開) 伝統は祖先が重んじた信念や慣習だ。
↓
④ (論拠の展開) 長く受け継がれ、多くの人の知恵が集積されている。
↓
⑤ (論拠2) 現代社会の秩序は乱れている。
↓
⑥ (論拠の具体例) 犯罪も増えている。

⬇
⑦（論拠の展開）現代人は善悪についての理解を失くしつつある。
⬇
⑧（論拠の展開）秩序を維持するために伝統は必要だ。

◎ 英文例

では、英文例を見てみましょう。

> I agree with the opinion that modern society should value tradition more. Since an individual's knowledge and experience are limited, we should be modest and try learning from tradition. Traditions are beliefs or customs that our ancestors started and valued as being very important. They were passed from generation to generation and accumulated the <u>wisdom of millions of people</u>. Today it is said that our society is disorganized; indeed there seems to be <u>more crime</u>. We may be losing a clear notion of what is right and wrong. It is desirable for members of a society to conform to traditions or a single standard to <u>maintain order</u>. (107 words)

3つの語句から英文内容を具体的にイメージしてください。英文例では次のように使っています。

(1) 伝統は「何百万もの人の知恵」を集積したもの
(2) 最近「犯罪が増加」している
(3) 「秩序を維持する」ために伝統に従うことが望ましい

「犯罪の増加を防ぎ、秩序を維持するには、何百万もの人の知恵が必要だから、伝統を重視すべきだ」という**骨組み**をしっかり作っておけば、あとはさまざまな肉付けが可能ですから、アイディアを練る練習をしてくださいね。

あるいは、「もし伝統を重んじなければどうなるか」と、**逆の観点**から構想するのも有効でしょう。たとえば、「伝統には何百万もの先人たちの知恵が詰まってい

るのだから、それを重視しないということは、これまで築いた文化を捨てることだ。そうなると人々は拠り所を失い、社会は不安定になって秩序の維持ができず、犯罪が増加することになる」などと、マイナスの影響を書き並べていくことで論拠を展開できます。行き詰まったら視点を変えてみることが大切なのは、日常生活と同じですよ。

◎ 全訳例

　現代社会は伝統をもっと重んじるべきだという意見に賛成する。個人の知識や経験には限界があるのだから、私たちは謙虚になって、伝統から学んでみるべきだ。伝統は、私たちの祖先が始めて、非常に重要だと重んじた信念や慣習である。何世代にもわたって受け継がれ、何百万もの人の知恵を集積したものなのだ。今日、社会の秩序が乱れていると言われる。実際、犯罪も増えているようだ。私たちは事の善悪についての明快な理解を失くしつつあるのかもしれない。秩序を維持するために、社会に属する人は伝統という単一の基準に従うことが望ましいのだ。

◎ 語句について

◎opinion that SV「…という意見」（➡【ポイント】）
◎since SV「…だから」
※事実や自明の内容を理由として表す場合に用います。日本語に訳してしまうと違いが出にくいですが、because とまったく同じというわけではないので使い方は慎重に。
◎from generation to generation「何世代にもわたって」
・what is right and wrong「事の善悪」
※ and の代わりに or を使わないように注意してください。
◎conform to A「A（＝規則・慣習など）に従う」

【ポイント】『同格』の that について

「…という事実」の意味になる the fact that SV … という表現はおなじみでしょう。**同格を表す接続詞 that** です。これで陥りやすいのが、「どんな名詞でも that SV で同格が表せる」と思い込む誤り。that SV … で同格を表せる名詞は限られています (一説によると、180 語ほど)。確信のないものは使わないように注意してください。

(例 1)「…するという傾向」
　(×) the tendency that SV ➡ (○) the tendency to *do*
(例 2)「…するという経験」
　(×) the experience that SV ➡ (○) the experience of *do*ing

第14講 100語の英文ライティング・その10

もう100語程度の英文にはすっかり慣れてきたころと思います。今回で最後にして、次回からはもう少し長い文に挑戦しましょう。100語問題の最後は、あるテーマの**定義**を行なう英文です。

> What is a good friend?

これに答える文を100語程度で。自由に考えを述べてもかまいませんが、それでは書きにくいという人は、以下の3語句を使ってください。

(1) do something wrong
(2) reveal one's true feelings
(3) find fault with me

■ ライティングのためのプラン

以下のような**展開図**を基にします。

① (テーマ)「良い友人とは」
　a. 率直に誠実に語ってくれる。
　b. 間違ったことをしたら指摘してくれる。
↓
② (a. についての補足説明)
話をよく聴き、考えを表現してくれる人でなければ、本心を語れない。
↓
③ (b. についての補足説明)
良い友人なら私を怒らせることを心配しないだろうし、私のあら探しもしないはず。

英文例

では、英文例を見てみましょう。

> A good friend is someone who speaks as honestly and sincerely as possible and tells me if I <u>do something wrong</u>. We all need someone we can talk to freely about anything. We cannot, though, <u>reveal our true feelings</u> unless the person we talk to listens to us well and expresses his own feelings. So I want a friend to straightforwardly say what he believes. It takes a lot of courage for a friend to tell me I am doing wrong. However, a good friend will not worry about angering me in this situation, and at the same time, will not try to <u>find fault with me</u>. (107 words)

「良い友人とは何か」などと正面切って問われると意外にうまく答えられないもの。ふだん何気なくやり過ごしていることやわかったつもりになっていることを、あらためて考えるきっかけになるのが、書くことの素晴らしいところです。自分の頭で考える訓練として、これにまさる方法はないでしょう。

だからと言って、いきなり長い文章を書こうとしてもダメです。とりとめのないものになり、かえって混乱してしまいます。短くてもいいから丁寧に書く習慣を身につけてください。繰り返し書いているうちに次第に思考が深まり、的確な表現ができるようになります。最初は、構成案を日本語で練ってください。

今回の英文例はこれまでと趣が違いますが、基本は同じです。まず、トピック文で明確に結論を述べます。短い文章ですから、支持文であまりよくばらず、核心がしっかり伝わる言葉を選びたいところです。

なお、英文例では3つの語句は次のように使っています。

(1)「私が間違ったことをしたら指摘してくれる」(do something wrong)
(2)「話をよく聴いてくれ、自分の考えを言ってくれる人でなければ、本当の気持ちを表せない」(reveal one's true feelings)
(3)「良い友人なら私のあら探しなどしない」(find fault with me)

このほかにも、「間違ったことをしても、こちらが忠告したら素直に聞き入れ

る」「私のあら探しをする人がいたら弁護してくれる」「私が本当の気持ちを表したときに受け入れてくれる」などの趣旨を支持文に使ってもいいでしょう。せっかくですから、この機会にじっくり考えてください。

◎ 全訳例

　良い友人とは、できる限り率直に誠実に語ってくれ、私が間違ったことをしたら指摘してくれる人だ。どんなことについてでも自由に語れる相手を私たちはみな必要とする。しかし、相手がこちらの話をよく聴き、自分の考えを表現してくれなければ、本当の気持ちを語ることはできない。だから、友人には思っていることを正直に語ってほしい。私が間違ったことをしていると言うのは友人にとってかなりの勇気を必要とするだろう。しかし、良い友人ならばこのような場合、私を怒らせることを心配しないだろうし、同時に、私のあら探しもしようとはしないはずだ。

◎ 語句について

◎as ～ as possible「できる限り～」
◎do something wrong「間違ったことをする」
◎unless SV「…しない限り、…しなければ」
◎It takes O for A to do「A が～するには O を必要とする」
※この表現は「時間がかかる」ばかりでなく、このように「勇気を必要とする」や「労力を必要とする」などの場合にも使います。
➡ It will take three people to lay that *sumo* wrestler on the stretcher.「その力士を担架に乗せるのは 3 人がかりになるだろう」
◎find fault with A「A のあら探しをする」

研究社の本
http://www.kenkyusha.co.jp

■専門語から新語まで27万語をコンパクトに収録。

リーダーズ英和辞典【第2版】
松田徳一郎〔編〕　B6変型判 2928頁

・並装 7,980円／978-4-7674-1431-7　・革装 10,500円／978-4-7674-1421-8

できるだけ多くの情報を簡潔に盛り込むという編集方針のもと、新語、口語、イディオム、固有名、略語などをグローバルな視点から採録。

■『リーダーズ英和辞典』を補強する19万語収録。

リーダーズ・プラス
松田徳一郎 ほか〔編〕　B6変型判 2880頁／10,500円／978-4-7674-1435-5

CD-ROM　Windows版　**リーダーズ+プラス GOLD**　10,500円／978-4-7674-7205-8
DVD-ROM Windows版　**電子版 研究社 英語大辞典**　31,500円／978-4-7674-7206-5
■「リーダーズ+プラス GOLD」「英大」「和大」「活用大」を収録。

■IT用語からシェイクスピアまで、収録項目26万。

新英和大辞典【第6版】
竹林 滋〔編者代表〕　B5変型判 2912頁

・並　装　18,900円／978-4-7674-1026-5
・背革装　22,050円／978-4-7674-1016-6
・EPWING版 CD-ROM 16,800円／978-4-7674-7203-4

■各分野の新語からはやりことばまで、収録項目数約48万。

新和英大辞典【第5版】
渡邉敏郎・E.Skrzypczak・P.Snowden〔編〕B5変型判 2848頁

・並　装　18,900円／978-4-7674-2026-4
・背革装　22,050円／978-4-7674-2016-5
・EPWING版 CD-ROM 16,800円／978-4-7674-7201-0

EPWING版 研究社 新英和大辞典 & 新和英大辞典　26,250円／978-4-7674-7204-1

■自然な英語を書くための38万例

新編 英和活用大辞典
市川繁治郎〔編集代表〕

・B5変型判 2800頁／16,800円／978-4-7674-1035-7
・CD-ROM 13,650円／978-4-7674-3574-9

研究社のオンライン辞書検索サービス・・・・・KOD

KOD
[ケー オー ディー]

> 定評ある18辞典を自在に検索、引き放題。毎月最新の語彙を追加。

英語に携わるすべてのスペシャリストへ

- 定評のある研究社の**17辞典＋「大辞林」**(三省堂)が24時間いつでも利用可能。毎月、続々と追加される新項目を含め、オンラインならではの豊富な機能で自在に検索できます。
- オプション辞書として、『Oxford Advanced Learner's Dictionary 7th edition』(英英辞典)、『羅和辞典＜改訂版＞』も収録。
- **300万語を超える圧倒的なパワーを**ぜひ体感してください。

*6ヶ月3,150円(税込み)から
*オプション辞書は別途料金がかかります。

新会員募集中!

http://kod.kenkyusha.co.jp

◎図書館や団体でのご加入・公費対策など、お問い合わせはお気軽にどうぞ。

携帯電話でリーダーズ英和辞典が引ける!

リーダーズ＋プラス英和辞典(46万語収録)に、毎月約**1,000語の新語を追加!**

英語で困ったらすぐに携帯電話の辞書検索サイトへ。
簡単な操作で手軽に辞書を引くことができます。

- 【NTTドコモ iモード】メニューリスト→辞書・便利ツール→辞書→携帯リーダーズ
- 【au EZ web】EZトップメニュー→カテゴリーで探す→辞書・便利ツール→研究社英語辞書
- 【SoftBank yahoo! ケータイ】メニューリスト→辞書・ツール→辞書→研究社英語辞書＋

- この出版案内には2011年7月現在の出版物から収録しています。
- 表示の価格は定価(本体価格＋税)です。重版等により定価が変わる場合がありますのでご了承ください。
- ISBNコードはご注文の際にご利用ください。

〒102-8152 東京都千代田区富士見2-11-3 TEL 03(3288)7777 FAX 03(3288)7799 [営業]

【ポイント】よく見かける間違い2

「…しながら」を with *do*ing で表すことはできないので注意してください。(1) **分詞構文**、(2) while *do*ing、(3) as SV (進行形不可) のいずれかで表すこと。

(×) With waving his hand, Mike said good-bye.
(○) Waving his hand, Mike said good-bye. (1)
　　「マイクは手を振りながら、サヨナラと言った」
(×) Click with the mouse with holding down the Control key.
(○) Click with the mouse while holding down the Control key. (2)
　　「コントロールキーを押しながら、マウスをクリックしなさい」
(×) Mike was sobbing with watching the news.
(○) Make was sobbing as he watched the news. (3)
　　「マイクはニュースを見ながら、すすり泣いていた」

第3章
150語の英文に挑戦!

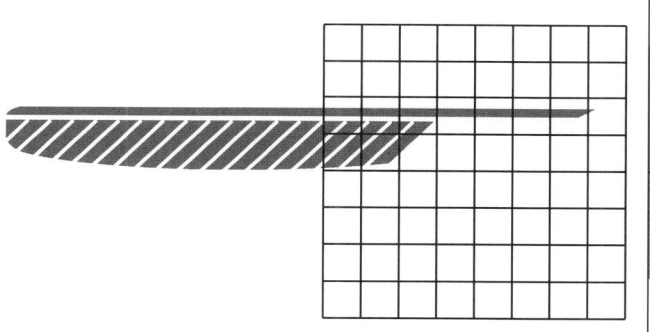

第15講 150語の英文ライティング・その1

　ここからは120〜150語の英文に取り組んでみましょう。基本的な構成はこれまでと同じで、**トピック文＋支持文**です。長くなるにしたがって、破綻のない文章を書くことは難しくなりますから、あわてて書き出さず、これまで以上に慎重に構成案を練ってください。

　次のような段階を踏むといいでしょう。

> (1) まず、全体の内容を箇条書きにします。日本語でいいですよ。もちろん、第1文はトピック文。次に支持文を5つか6つのセンテンスで簡潔に書いてみてください。前にも言ったように、内容に凝って独創性を目指したりする必要はナシ。なるべく平易で明快な論を展開しましょう。前後関係に矛盾はありませんか。説得力はありそうですか。
>
> (2) 内容が決まったら、それに沿って英語に移していきます。だいたい1文が15〜20語程度のイメージでいきましょう。慣れないうちは、長く複雑な文を書こうとするとミスが出やすくなりますから、できるだけシンプルな言い回しを心がけてください。
>
> (3) ひととおり書き終わったら、語数をチェックして、指定の範囲に収まるよう推敲します。少し時間をおいて見直しをするのが理想的。意外なミスを発見したり、うまく論理のつながっていないところに気づいたりできるはず。これを続けることで、自分の書いたものを客観的に見るコツが身につき、次第に緻密な文章が書けるようになります。じっくり取り組みましょう。

　さて、この語数の英作文を出題する大学といえば、代表的なのが一橋大学です。面白いテーマを扱ったものが多いので、ここからは一橋大で出された問題を取り

上げます。

*

次のテーマに対し、**賛成**の立場から英文を書いてください。

> The age of adulthood in Japan should be 18, as in many other countries.

なお、「18歳の人」は an eighteen-year-old（単数）や eighteen-year-olds（複数）と表せます。

ライティングのためのプラン

以下のような**展開図**を基にします。

① （トピック文）日本でも18歳が法的に成人と見なされるべきだ。
↓
② （論拠1）車の運転やフルタイムの仕事、納税、結婚などが18歳で認められている。
↓
③ （論拠の展開）それなのに成人としての権利を与えられないのは不公正だ。
↓
④ （論拠の展開）フルタイムで働き、税金を払えるなら、成人の完全な権利を与えるのは当然だ。
↓
⑤ （論拠2）合衆国では、軍隊に入って祖国のために死ねるのなら酒も買えると言われる。
↓
⑥ （論拠の展開）この論理を論破するのは困難だ。

英文例

では、英文例を見てみましょう。

I fully support the idea that 18-year-olds should be legally considered to be adults in Japan. When one looks at the kinds of responsibilities that an 18-year-old can assume in Japan, such as driving a car, working full-time, paying taxes, and marrying, it is clearly unfair that 18-year-olds are being denied their rights as adults. It could be argued that if a person is old enough to work full-time and pay taxes, then it is only natural and just that the government should grant the full rights of "adulthood" to him or her. In the United States, 18-year-olds have long said, "If I am old enough to join the military and die for my country, am I not then old enough to buy alcohol?" This logic is hard to refute.（130 words）

英文例では、**現状の批判**を中心に展開しています。成人並みの「責任」を果たしているのに成人としての「権利」が与えられていないのは不当だ、というわけです。この「責任」と「権利」のような**対になる概念**を出すと書きやすくなります。ぜひ意識して練習してみてください。

全訳例

　日本で18歳が法的に成人と見なされるべきだという考えを私は完全に支持する。車の運転やフルタイムの仕事、納税、結婚など、日本で18歳の人が負える責任を見れば、成人としての権利を与えられないでいるのは明らかに不公正だ。ある人がフルタイムで働き、税金を払える年齢なら、政府がその人に成人の完全な権利を与えるのはきわめて当然で正当である、と主張できるだろう。合衆国では、18歳になった者は「軍隊に入って祖国のために死ねるのなら、私は酒を買える年齢ではないのか」と以前から言ってきた。この論理を論破するのは困難だ。

語句について

◎support the idea that SV「…という考えを支持する」
※「反対する」なら oppose です。この that は「同格」の接続詞。
◎consider O to be C「OをCだと見なす」
※ここでは受動態で用いています。

◎assume (a) responsibility「責任を負う」
※take (a) responsibility とも言います。
◎work full-time「フルタイムで働く」
※「パートで働く」なら、work part-time です。
◎such as A「(たとえば) A のような」
◎deny A B「A に B を与えない」
※ここでは A を主語にした受動態で用いられています。
・only natural and just「きわめて当然で正当な」
・hard to refute「論破するのが難しい」

第16講 150語の英文ライティング・その2

前回と同じ The age of adulthood in Japan should be 18, as in many other countries. というテーマに対し、**反対**の立場から120～150語の英文を書いてください。「若者の成熟」という視点から論を展開しましょう。「成熟」は名詞なら maturity、動詞・形容詞は mature です。

ライティングのためのプラン

以下のような**展開図**を基にします。

① (トピック文) 日本は成人年齢に関してほかの国に追随するべきではない。
↓
② (論拠) 日本の18歳の若者は、成人として振る舞うだけの成熟をしていない。
↓
③ 日本に来た外国人の意見：
　a. 日本文化は子ども時代の延長を促す。
　b. 日本のティーンエージャーは西洋のティーンエージャーに比べ5～6歳ほど幼い。
↓
④ 外国ではティーンエージャーは18歳未満で車の運転、合法的な労働などが可能だ。
↓
⑤ 彼らは大人になるのが速い。
↓
⑦ 成人年齢を18歳に変えるためには、日本の社会と文化が変わらねばならない。

第16講 150語の英文ライティング・その2

◎ 英文例

では、英文例を見てみましょう。

> I believe that Japan should not follow the lead of other countries concerning the age of adulthood. This is because Japanese youth, generally speaking, do not have the maturity to handle themselves as adults at age 18. Most foreigners in Japan, after spending some time here, often comment that the culture of Japan promotes an extended childhood, and that Japanese teens seem to be about 5 or 6 years behind their western counterparts in terms of maturity. Indeed, in foreign countries, teens are given more responsibilities (such as driving privileges or being able to work legally) before they are 18 years old. This makes them adults faster and when they reach 18, they are generally more mature than Japanese 18-year-olds. I think that for Japan to change the age of adulthood to 18, Japan's society and culture would have to change dramatically first. (142 words)

　語数が増えてくると、書き出す前にしっかりと考えをまとめ、プランを練ることがますます大切になってきます。考えが無理のない流れで表せているか、文を並べる順序を変えたほうがもっと論旨が明確になるのではないかなど、いろいろ考えてみましょう。個々の語の選択などは後回しでいいから、まず文章のしっかりとした骨組みを作ることが必要です。

　英文例を見ましょう。第1文で「他国に追随する必要はない」と主張を明示したあと、第2文から論拠を述べていくという、いつもどおりの構成です。

　This is because … という表現に注意してください。この This is は絶対に省いてはいけません。Because SV は文でなくて**副詞節**。日本語で言うと「…なので」です。会話と違い、ちゃんとした文章では認められない表現なのに、非常によく見かける誤りです（➡【ポイント】）。

　そのあとに、外国との対比で日本の特殊事情を述べています。あることを論じるさいに、対照的なものを持ち出すのは有効な手段です。たとえば、男性について論じようと思ったら、女性を対置するのが一番手っ取り早いし、説得力のある文章が書けます。平和について論じるなら戦争を、人間についてなら動物をなど、

第3章／150語の英文に挑戦！

いくらでも可能です。構成案に困ったときのヒントにしてください。

◎ 全訳例

　日本は成人年齢に関してほかの国に追随するべきではないと私は信じる。なぜなら、日本の若者は概して、18歳では成人として振る舞うだけの成熟をしていないからだ。日本に来た外国人のほとんどは、しばらくたつと、日本文化は子ども時代の延長を促しており、日本のティーンエージャーは成熟という点から見ると西洋のティーンエージャーに比べ5〜6歳ほど幼い、とよく言う。実際、外国ではティーンエージャーは18歳未満でもっと多くの責任（車の運転、合法的な労働など）を与えられている。このせいで彼らは大人になるのが速く、18歳に達するときには日本の18歳に比べて一般に成熟が進んでいる。日本が成人年齢を18歳に変えるためには、まず日本の社会と文化が劇的に変わらねばならないと思う。

◎ 語句について

◎follow the lead of A「Aにならう、追随する」
◎concerning A「Aに関して」
◎This is because SV「これは…だからだ」（➡【ポイント】）
◎generally speaking「一般的に言うと」
※frankly speaking（率直に言うと）、strictly speaking（厳密に言うと）など、さまざまな表現が可能です。
・comment that SV「…だと論評する」
※ここでは that SV が2つあります。that the culture … と、that Japanese teens … です。
◎… years behind A「Aよりも…年おくれて」
◎counterpart「対応するもの」
※ここでは、日本の teens に対応する西洋の teens ということです。
・for Japan to change「日本が変わるために」

【ポイント】よく見かける間違い３

〈because SV〉は副詞節であって文ではないので注意してください。**理由**は、This is because SV … や The reason is that SV … などで表します。

(×) Tom cannot come to school. Because he is sick in bed.
➡ (○) Tom cannot come to school because he is sick in bed.
　(○) Tom cannot come to school. This is because he is sick in bed.
　(○) Tom cannot come to school. The reason is that he is sick in bed.

第17講 150語の英文ライティング・その3

　次のテーマに**賛成**の立場で120～150語の英文を書いてください。これまでの自分の経験から具体例を挙げ、ストーリーを語っていく感じで綴るといいでしょう。

> A sense of humor is one of the most important things in life.

■ ライティングのためのプラン

　今回はストーリーなので、以下のような**箇条書き**を基にします。流れが大切なので、書くべき順番を十分に吟味してください。

「祖父の思い出」
① 大恐慌の時代に5人の子どもを育てねばならなかった。
② 炭坑で働いた。仕事は危険で、非常に困難でもあった。
③ 給料は乏しかった。
④ 祖母は前借りして食料品を買っていた。
⑤ だが、わびしい暮らしではなかった。
⑥ 祖父はジョークが大好きだった。
⑦ 家族で質素な食卓を囲み、滑稽な話に興じた。
⑧ 食事の時間は喜びと笑いに満ちていた。
⑨ 祖父はそのユーモアのセンスで有名だった。
⑩ ユーモアが彼や家族やほかの人々を助けた。

◎ 英文例

　では、英文例を見てみましょう。上の箇条書きからわかるように、これまでと違い、家族の思い出を語ってもらいました。

第17講 150語の英文ライティング・その3

My grandfather was not a well-educated man and he had five children to raise during the Great Depression of the 1930's. He worked hard in the coal mines of southern West Virginia. His job was not only dangerous, but was also very difficult. Every two weeks he got a pay envelope, with only a few coins in it because his pay had already been spent by my grandmother, buying basic groceries. Do their lives sound bleak? They were hardly bleak. You see, my grandfather loved to laugh and joke. Every day, as my father, uncles and aunt gathered around the dinner table and their less-than-gourmet fare, my grandfather would tell them funny stories and jokes. Mealtimes were full of joy and laughter, despite their poverty. My grandfather was widely known in his community for his sense of humor. It helped him and his family. It helped others too. (148 words)

　このようなテーマの場合、抽象的に論じるよりも具体的なエピソードを綴ったほうが、説得力が増します。この英文例で、模範的な英文のイメージをつかんでください。

　父方の祖父が貧しいながらもユーモアあふれる人物で、皆を笑わせ、生活を楽しくしていたという趣旨です。大恐慌という時代設定から始まって、いかに貧しかったかを紹介し、それでもユーモアのおかげで惨めな暮らしではなかったと述べています。

　Every day で始まる文章が生き生きとした情景をさらりと伝えていることにお気づきでしょう。less-than-gourmet fare という表現、これは筆者の造語で、辞書を調べても載っていません。ちょっと皮肉も効いていて、いつか使ってみたくなりますね。ユーモアが大切であることの一例です。

　このほかにも、友人との関係が気まずくなったときに気の利いた一言で救われたとか、失敗して落ち込んでいたけど誰かのジョークで気が楽になったなど、自分の経験を基にいろいろな切り口で書けると思いますので、自分でも試してみてください。

◎ 全訳例

　祖父は十分な教育を受けていませんでしたが、1930年代、大恐慌の時代に5人の子どもを育てねばなりませんでした。祖父はウェストヴァージニア州南部の炭坑で懸命に働きました。仕事は危険であるばかりでなく、非常に困難でもあったのです。2週間毎に給料袋をもらいましたが、わずかなコインしか入っていませんでした。祖母が前借りして食料品を買っていたからです。わびしい暮らしのように聞こえますか。そうでもなかったんですよ。実は、祖父は笑ったりジョークを言ったりするのが大好きでした。毎日、父や叔父たちや叔母は食卓に集まって「マイナス・グルメ料理」を囲み、祖父が滑稽な話やジョークを語りました。貧しかったけれど、食事の時間は喜びと笑いに満ちていたんです。祖父はそのユーモアのセンスで界隈の有名人でした。それが彼や家族を助けたし、ほかの人々も助けたのです。

◎ 語句について

◎the Great Depression「大恐慌」
※1929年に始まったアメリカの大不況時代で、1933年頃まで続きました。
◎coal mine「炭坑」
◎every two weeks「2週間毎に、隔週で」
※every second week または every other week とも言います。
・pay envelope「給料袋」
・basic groceries「基本的な食料品」
・sound bleak「わびしそうに聞こえる」
◎you see「なにしろ、実は」
※説明を始めるときに用います。
・my father, uncles and aunt「父や叔父たちや叔母」
※つまり、おじいさんの5人の子どもたちのこと。4男1女だったんですね。
・less-than-gourmet fare「マイナス・グルメ料理」
※less than は「ちっとも…でない」。つまり、「グルメどころか、ご馳走なんか何にもない料理」ということ。
◎ be widely known for A「Aで広く知られている」

第18講 150語の英文ライティング・その4

　前講と同じ問題を使いますが、今回は逆、つまり「ユーモアのセンスは人生で重要ではない」というテーマで120〜150語の英文を書いてください。

> A sense of humor is one of the most important things in life.

　頭がカタく、どんなジョークを聞いてもニコリともしないようなマジメ人間になりきって書いてみましょう。今回はストーリーではなく、**柔軟な思考力**を磨くためのレッスンです。自分とは正反対の人間を演じると意外に書きやすかったりします。

ライティングのためのプラン

以下のような**展開図**を基にします。

> ① (トピック文) ユーモアよりも目的に向かって努力することのほうが大切だ。
> ↓
> ② (論拠) 刹那的な人生観を持っている人が多いが、そのような考えは愚かだ。
> ↓
> ③ (論拠の展開) 彼らは間違った情報に振り回され、重要な問題を軽んじている。
> ↓
> ④ (結び) 私たちは笑いよりも現実を大切にする必要がある。

英文例

では、英文例を見てみましょう。

> I think that living life with a purpose and working toward it is more important than having a good time and treating everything lightly by laughing and joking about issues. I see too many young people who ascribe to the philosophy that you should live for today because tomorrow you may die. While I do agree that we need to live every day fully, the idea that we should always "eat, drink and be merry" at the risk of our security and future well-being is not only reckless but foolish. A lot of people are misled by wrong information and make light of very serious issues they probably should think about more deeply. Humor has its place in life, but I think we need to focus on reality more, and laughter less. (132 words)

　架空の人物にでもなったつもりで、ふだん自分が当然と思っていることを批判してみましょう。自分の考えの意外な落とし穴が見つかったりして、思考の幅を広げることにつながります。

　英文例では、おもしろおかしく暮らすことよりも、目標に向かって現実的に生きることの大切さを訴えています。享楽的な生活への批判一本槍では単調になってしまうので、「充実した生活を送らねばならないということには同感だが」とか、「ユーモアにも役割はあるが」など、批判の対象にも一定の理解を示しつつ、「それでもやはり…」と自説を強く打ち出しています。

　このように、反対者の言い分も視野に入っていることを示すのは、説得力を増すのにたいへん有効です。物事を一方的にではなく、包括的に捉えた上で述べているとわかるからです。

　英文を読んでいると、Of course …, but 〜とか、Indeed … However, 〜など、「なるほど…だ。けれども〜」と展開する表現をよく見かけます。**いったん譲歩 ➡ 〈しかし〉＋主張**という構成を適切に持ち込むことで、文章の質を飛躍的に向上させましょう。

　何を書いていいかわからなくなったら、「相手からはどんな反論があり得るだろうか」「それにどう答えたらいいだろう」と考えてみてください（➡ 第12講【ポイント】）。

全訳例

　私は、笑ったり、さまざまな問題に対してジョークを言ったりして楽しみ、すべてを軽く考えるよりも、目的を持って暮らし、目的に向かって努力することのほうが大切だと思う。明日は死ぬかもしれないんだから今日のために生きるべきだ、という人生観を持っている若者をあまりにも多く見かける。私も、毎日充実した生活を送らねばならないということには同感だが、安全や将来の幸福を危険にさらして、いつも「食べて飲んで楽しくやる」べきだという考えは、無謀であるばかりでなく愚かだ。多くの人が、間違った情報に振り回され、おそらくはもっと深く考えるべき非常に重要な問題を軽んじている。人生においてユーモアにもその役割はあるが、私たちがもっと大切する必要があるのは現実である——笑いよりも。

語句について

・ascribe to the philosophy that SV「…という人生観を心に抱く」
・While I do agree「確かに同感だけれども」
※do agree は動詞 agree の強調表現。
◎at the risk of A「A を危険にさらして」
◎make light of A「A を軽視する」
※make little of A もほぼ同じ意味。「重視する」なら、make much of A を用います。
◎focus on A「A に集中する」

第19講 150語の英文ライティング・その5

前回に引き続き、**なりきり型**の問題をやってみましょう。次のテーマで120〜150語の英文を書いてください。

> If you became famous, what would you do with your fame?

仮定法に注意してください。

◼️ ライティングのためのプラン

以下のような**展開図**を基にします。

> ①（トピック文）私が有名になったなら、世界の飢餓問題に注目を集めるために名声を利用する。
> ↓
> ②（論拠）飢餓が戦争や政府によって引き起こされていることを知らない人はたくさんいる。
> 　➡③（論拠の補足説明）救援組織が送った食糧援助も民衆に届かないことが多い。
> ↓
> ④（対照）私益のために名声を利用する者は多くいる。
> ↓
> ⑤（結び）名声は公益のためにでも私益のためにでも使えるが、私なら公益のために使う。

◎ 英文例

では、英文例を見てみましょう。

If I became famous, I would try to use my fame to draw attention to the problem of hunger in the world. Almost everyone knows that some countries are suffering from mass famine and starvation, but many don't know that a lot of hunger is not caused by poor harvest alone, but is brought about by war and governments keeping food from the public. Even food aid sent by relief organizations to famine-stricken areas is often kept by some governments to feed their military and never reaches the people. Many popular actors and musicians use their fame to gather wealth, buy fancy cars or homes, and live a very luxurious lifestyle. Fame can be used for good, both personal and public. By means of my fame and the media, I would try to inform the world of the critical issue we must work on. (144 words)

「もし私が有名になったら」というのは誰もが一度は考えることでしょう。お金儲けをすることもできそうです。大勢のファンを操って、大きな権力を握ることだって夢ではないかもしれません。

でも、そんなことを書き連ねると収拾がつかなくなる可能性があるので、もっとまとめやすい内容を選んでみました。ただ、考え慣れていない事柄について書くには、それなりの語彙力が必要になります。試験では、与えられたテーマについて即興で書かねばなりません。どんな問題が出るか予想できないのですから、ふだんの心がけが左右することは言うまでもないでしょう。日頃から意識して、いろいろな話題に対応できる表現を頭に入れているかどうかで、書ける文がある程度決まってしまいます。

入れていないものを出すことはできません。今回の英文に登場した表現はどれも大切ですから、ぜひすべて覚えてください。

◎ 全訳例

　私が有名になったなら、世界の飢餓問題に注目を集めるために名声を利用しようとするだろう。一部の国が大規模な飢饉や飢餓に苦しんでいることはほとんど誰でも知っているが、多くの飢えが凶作だけでもたらされるのではなく、戦争と、民衆に食糧を与えないでいる政府によって引き起こされていることを知らない人はたくさんいる。飢餓に苦しむ地域へ救援組織が送った食糧援助でさえ、軍の食

糧とする政府によって押さえられることが多く、民衆には届かないのだ。人気のある俳優やミュージシャンで、富を蓄えたり、高級車や豪邸を買ったり、贅沢な暮らしをしたりするために名声を利用する者は多くいる。名声というものは、公益のためにでも私益のためにでも使えるのだ。私なら、名声とメディアを利用して、私たちが取り組まねばならないこの重大問題を世界に知らせるだろう。

語句について

◎draw attention to A「Aに注意を引く」
※attract［bring］attention to A とも言います。
◎suffer from A「Aに苦しむ」
・many don't know「多くの人は知らない」
※この many は many people のこと。
・is not caused by A but is brought about by B「AによってもたらされるのでなくBによって引き起こされる」
※not A but B（AでなくB）は第8講【ポイント】参照。また、cause と bring about はほぼ同じ意味です。
◎A alone「Aだけ」
◎keep A from B「AをBに与えない」
・relief organization「救援組織」
・famine-stricken area「飢餓に苦しむ地域」
※〜 -stricken は「〜に襲われた」の意味。
➡ a quake-stricken city「震災にあった都市」
・fancy cars and homes「高級車や豪邸」
※形容詞 fancy の意味は「高級な」です。
・live a … lifestyle「…の生活を送る」
◎by means of A「A（という手段）によって、Aを用いて」
◎inform A of B「AにBを知らせる」
◎critical issue「重大な問題」
◎work on A「Aに取り組む」

第20講 150語の英文ライティング・その6

一橋大入試の問題を続けます。次のテーマで120〜150語の英文を書いてください。

> Experience is more valuable in life than education.

ヒント: 英語には Experience is the best teacher.（経験は最良の師）とか、Experience is the father of wisdom.（経験は知恵の父）ということわざがあります。

◼︎ ライティングのためのプラン

英文を書く際に、以下のような日本語の**箇条書き**を作り、順番を整えてからそれを英語に移していきます。

みなさんも必ず同様の作業をやってください。文章はまず骨組みが肝心。急がば回れです。

① 私たちは人生経験を十分に評価していない。
② 年齢と経験が知恵の鍵だ。
③ 学校では教科を学ぶことしかできない。
④ 学校や本から学べないこともある。
⑤ 年配者や経験豊かな人から学ばねばならない。
⑥ アメリカには「世間という学校を卒業する」という言い方がある。
⑦ 人生経験だけが教育だった人がいるのだ。
⑧ 彼らは、経験こそ最高の教師だということに同意してくれるだろう。

◎ 英文例

では、英文例を見てみましょう。

第3章／150語の英文に挑戦！

> While it's undeniable that education is important, perhaps we don't value life experience enough. It is often said that age and experience are the keys to wisdom and I agree with that. Basically, we can only learn subjects at school. When we wish to know what is not taught at school or written in books, whom do we usually consult? Naturally, we go to someone who is older, wiser, and more experienced in the area we wish to know about. In the USA, people who don't go to college often say that they graduated from "the school of hard knocks," meaning they went through a lot of difficult experiences in life and learned a great deal from them. Just experiencing their life has been an education for these people. I'm sure they would agree that experience is the best teacher. (140 words)

　堅いテーマだからと、身がまえすぎて自分の思考まで堅くこわばらせてはいけません。年の離れた弟や妹か、家庭教師をしている低学年の生徒にでも、わかりやすく教えるつもりで書いてみてください。「もちろん教育は大切だけど…」といった書き出しで、**譲歩**から入っていくのもいいでしょう。

> 「学校での教育は英語だの数学だの、教科を教えることが中心だよね…学校で人生のすべてを教えることはできない…人生経験という言葉がある…いくら本を読んだって、人生経験を積んだことにはならないはずだ…つまり本からは学べないことがあるってことじゃないか…苦労しても自分で経験して身につけるほかないことが人生にはあって、それは自分が生きたことの証みたいなものだから、そっちのほうが価値があると言ってもいいんだ」

　こんな調子で考えて文章に使えそうな言葉が出てきたら、以下のように**箇条書き**にして並べていくと、次第に文章の構想がまとまってくるはずです。

> 「人生で価値あるものすべてを学校で教えることはできない」
> 「人生経験は本からは学べない」
> 「本当の知恵は苦労して身につけるしかない」

「人生には自分で経験して身につけなければならないことがたくさんある」

　できるだけ自分の語彙力で書けそうな言い方を工夫してください。ヒントとして出した、Experience is the best teacher. とか、Experience is the father of wisdom. などの**ことわざ**を加えてもいいでしょう。
　英文例では、graduate from "the school of hard knocks" という表現が使われています。印象的な比喩なので、覚えておくと役立つことがあるはずです。こういう表現を知っていると、そこから文章のアイディアが浮かぶことも多いもの。言葉が言葉を呼んでくれますから、ぜひ実際に使ってみてください。何事もまず「経験が大切」です。

◎ 全訳例

　教育が重要であることは否定できないが、私たちは人生経験を十分に評価していないかもしれない。年齢と経験が知恵の鍵だとよく言われるが、私も同意見だ。基本的に、学校では教科を学ぶことしかできない。学校で教えられていないことや本に書かれていないことを知りたいとき、私たちはふつう誰に相談するだろうか。当然、私たちより年上の人や、賢明な人や、知りたい分野で経験豊かな人のところに行くだろう。アメリカでは、大学に行かない人はよく、自分は「世間という学校」を卒業したのだと言うが、それはつまり、多くの困難な経験を経て、その経験から非常にたくさんのことを学んだ、という意味だ。このような人びとにとっては、人生経験だけが教育だった。彼らはきっと、経験こそ最高の教師だということに同意してくれるだろうと思う。

◎ 語句について

◎key to A「A のカギ」
◎graduate from A「A を卒業する」
◎hard knocks「苦境、苦労 (の多い世間)」
→ take the hard knock「つらい体験をする」
◎go through A「A を通過する、経験する」

第21講 | 150語の英文ライティング・その7

一橋大入試の問題を続けます。次のテーマで120〜150語の英文を書いてください。

Who is the person you admire most (living or dead)?

有名人でも身近な人でも誰のことを書いてもかまいませんが、なぜその人なのか、**理由**をしっかり述べること。

■ ライティングのためのプラン

第17講と同様に、以下のような**箇条書き**を土台にします。みなさんも必ず同様の作業を行なってください。

① 私が最も素晴らしいと思う人物は兄のトニーだ。
② 29歳で亡くなった。
③ 両親は離婚し、兄は母と、私は父と暮らすことになった。
④ 母は非常に貧しく、兄は働かねばならなかったため、高校を卒業できなかった。
⑤ 二十代半ばで彼の人生は変わり始めた。
⑥ 地元のガス会社に就職した。
⑦ 結婚して子どもを持った。
⑧ 慈善活動に積極的に関わった。
⑨ 27歳で高校の卒業資格を得た。
⑩ 大学夜間部の講座を取り始めた。
⑪ 自動車整備が巧みで、ビリヤードが大好きだった。
⑫ 日々充実した人生を送ることを教えてくれた。
⑬ 私たちに明日の保証などないことを彼の人生が証明した。

英文例

では、英文例を見てみましょう。

> The person I admire the most is my brother Tony, who died at the age of 29. My parents divorced when we were young and my brother lived with our mother, while I lived with my father. Our mother was quite poor and my brother had many hardships growing up and was not able to finish high school because he needed to work. However, in his mid 20's, his life started to change and he managed to get a very good job with the local gas company, got married, started a family, became active in charities, and at age 27, finally got his high school diploma. He even began taking college classes at night. He was a talented auto mechanic, and he loved to play billiards, just like me. He taught me to live life fully every day, because, as his life proved, we have no guarantee of tomorrow.（149 words）

「最も素晴らしいと思う人」と聞いて誰を思い浮かべましたか。私の勤める予備校の生徒のみなさんにもこのテーマで英文を書いてもらいましたが、中学や高校の時の先生、親・きょうだいなどの身近な存在をとりあげた人もいれば、オスカー・シンドラーやガンジーなど歴史上の人物、ジョニー・デップ、緒方貞子、乙武洋匡さんなどメディアに登場する有名人について書いた人、さらにイチロー選手や北島康介さんなどスポーツ界から選んだ人もいて、楽しく読ませてもらいました。

尊敬する人物がいるのは良いことです。それを言葉にできるのはいっそうすばらしい。口に出して話すのは照れくさい内容でも、文章、しかも英文でなら意外と思ったとおりに表現できるものではないでしょうか。ホンネを遠慮なく出して考えを整理していくうちに、何が言いたいのか、どう言えばいいのかがいっそうはっきりわかってくるのです。

もちろん自分にとって書きやすい人物を選ぶのが一番。また、書きやすい人というのは、本心から「すごい人だなあ、みんなにも知ってもらいたいなあ」と思っている人になるでしょう。読み手に魅力が伝わる具体的な描写が不可欠なので、印象的なエピソードを書けそうな人を考えてください。誰を選ぶかで英文の出来

栄えも左右されます。自分の心によく耳を傾けてくださいね。
　英文例ではお兄さんのことが書いてあります。解説の必要はないでしょう。読み味わってください。こういったタイプの英文を書くときに役立つ表現がたくさん出ています。

◎ 全訳例

　私が最も素晴らしいと思う人物は、29歳で亡くなった兄のトニーだ。私たちが幼いときに両親は離婚し、兄は母と、私は父と暮らすことになった。母は非常に貧しく、兄は多くの苦労をして大人になったが、働かねばならなかったため、高校を卒業できなかった。しかし、二十代半ばで彼の人生は変わり始めた。地元のガス会社で非常に好条件の仕事に就くことができ、結婚して子どもを持ち、慈善活動にも積極的に関わった。そして27歳で、とうとう高校の卒業資格を得たのだ。兄は大学夜間部の講座さえ取り始めた。自動車整備が巧みで、私と同じく、ビリヤードが大好きだった。彼は私に、日々充実した人生を送ることを教えてくれた。なぜなら、彼の人生が証明したように、私たちに明日の保証などないのだから。

◎ 語句について

◎hardship「苦難、苛酷な運命」
◎in his mid 20's「二十代半ばで」
※20's = twenties
◎manage to *do*「どうにか…できる」
◎start a family「子供をもうける」
・high school diploma「高校の卒業証書」
・take college classes at night「大学夜間部の講座を受講する」
・talented「才能ある、優秀な」
・auto mechanic「自動車整備士」
・live life fully「充実した人生を送る」
◎guarantee「保証」

第22講 150語の英文ライティング・その8

一橋大入試の問題を続けます。次のテーマで 120〜150 語の英文を書いてください。

> People live longer now, so the normal retirement age should be raised to 70.

今回は社会問題に属するテーマです。

賛成か反対を明確にして理由を展開するのが常道ですが、ここでは部分的な賛成や部分的な反対をして、さらに新たな**提案**を加えるというやり方を見てみましょう。これができるようになると、さらにレベルアップがはかれます。

ここでは**部分的反対**の立場をとり、「いつ退職するかを選べる (have the option of retiring earlier or later) ようにすべきだ」と提案することとします。

ライティングのためのプラン

英文を書く際に、以下の**展開図**を参考にしてください。

① (トピック文) 定年を 70 歳に引き上げる必要はない。

↓

② (論拠) 退職年齢は引き下げと引き上げの両方を行うべきだ。

↓

③ (論拠の説明 1) 引退後の生活を楽しみにしている人が多い。
  →④ 余生を健康で楽しめるかどうかを心配している。
  →⑤ 退職を早められることは素晴らしい選択肢になりうる。

↓

⑥ (論拠の説明 2) 引退すると、自分を役立たずだと感じて憂鬱になる人もいる。
  →⑦ 70 歳以上まで働くことも、もう 1 つの選択肢であるべきだ。

⑧（結び）誰もが、目的ある生活を送る権利を持っている。

英文例

では、英文例を見てみましょう。

> I do not think that Japanese people living longer, on average, is a reason to raise the retirement age to 70. The age should be both lowered and raised; people should have the option of retiring earlier or later than the current mandatory retirement age. On the one hand, a lot of people don't want to work to such an advanced age and have been looking forward to their post-retirement life. They have anxiety about whether or not they can enjoy their retirement in good health, so an earlier retirement possibility is a great option for them. On the other hand, however, some people feel useless and depressed when they are forced to retire in their 60's, so working to 70 or over should be another option. Every one of us has the right to live a purposeful life. (139 words)

英文例では、提起された問題をさらに発展させて、退職年齢を自分で選べるようにすべきだと主張していますが、もちろん単純な賛成や反対でもかまいません。大切なのは、定年を70歳に引き上げたら何が起こるかをさまざまな角度から考えること。一方的な見方に偏らないよう、とりあえず**長所**も**短所**も挙げてみましょう。たとえば、長所なら以下のようなものが考えられます。

（1）労働者不足が解消できる。
（2）若手労働者への教育や技能の伝承ができる。
（3）若年層に対する税金や年金の負担を軽減できる。

また、短所としては以下のようなものが思い浮かぶでしょう。

(4) 若手労働者の雇用や昇給を妨げる。
(5) 過労などから高齢者が健康をそこないやすくなる。
(6) 職場に高齢者が増えることで能率低下のおそれがある。

　これらから総合的に考えて、無理のない論を展開してください。ただ長所のみを列挙して賛成論とすることも可能ですが、マイナス面にも言及することで文章に厚みが出ることについては、すでにお話ししました。このようなテーマの場合、英語の力だけが求められているのではないのは明らかです。論点を整理して明確に分析したり提示したりする習慣が身についているかどうかが試されます。

全訳例

　私は、日本人が平均して長生きになったことは定年を70歳に引き上げる理由にならないと思う。年齢は引き下げと引き上げの両方を行うべきだろう。現在の強制的な退職年齢よりも前や後に引退できる選択肢があるべきなのだ。一方では、そのような高齢まで働きたいとは思わず、引退後の生活を楽しみにしている人が多い。余生を健康で楽しめるかどうかを心配しているから、退職を早められることは彼らにとって素晴らしい選択肢になるのだ。だが、もう一方で、60代で引退を強いられると、自分を役立たずだと感じて憂鬱になる人もいる。だから、70歳以上まで働くことも、もう1つの選択肢であるべきだ。私たちの誰もが、目的ある生活を送る権利を持っているのである。

語句について

・Japanese people living longer「日本人が長生きになっていること」
※この living は動名詞で、Japanese people が動名詞の意味上の主語。
◎on average「平均して」
◎on the one hand「一方で」
・to such an advanced age「そのような高齢まで」
◎look forward to A「A を楽しみに待つ」
◎post-retirement life「退職後の生活」
◎on the other hand「もう一方で、他方で」
※on the one hand との対比に使われています（➡ 第27講【ポイント】）。

・feel useless「自分を役立たずだと感じる」
◎(feel) depressed「気がめいる、がっくりする」
◎in their 60's「60歳代で」
◎work to 70 or over「70歳以上まで働く」
※「70歳以下」なら、70 or under とします。
・the right to live a purposeful life「目的ある生活を送る権利」

第23講 150語の英文ライティング・その9

　一橋大入試の問題を続けます。次のテーマで 120〜150 語の英文を書いてください。

> High school education should be more practical.

　日本の高校教育の問題点は大学受験が中心になっていることだと一般的に認識されています。「受験中心でいいのか」を出発点にすると書きやすいでしょう。

■ ライティングのためのプラン

　以下の**展開図**を参考にしてください。

---

① （トピック文）日本の高校教育はもっと実用的なものに変わるべきだ。

↓

（論拠＝現状への批判）
② 現在は中高校時代を大学入試の準備に費やしている。
③ 受験勉強に何年もかけるが、あまり役に立っていない。
④ 大学での4年間も有効に使われていない。

↓

（提案）
⑤ 高校がもっと実用的な教育をするのは困難ではない。
⑥ 実業高校では職業のための準備教育をしている。
⑦ 実業校の授業を受けるのは進学校の生徒にとって良い刺激になる。

◎ 英文例

　では、英文例を見てみましょう。

> I think that Japanese high school education needs to change drastically and be more practical. Currently, students spend their entire junior and senior high school years preparing for one, all-important test — a university entrance exam. Years are devoted to cramming for this test, and once the test is finished, most of what has been "learned" is forgotten or never accessed again. Most high school graduates are not really prepared for any career other than "being a student" four more years in a university. It's not so difficult for high schools to be more practical. There are vocational high schools in Japan, and they do indeed prepare their students for a practical career. Maybe it would be a good stimulus to students of the "high-level" or prestigious high schools to take some lessons from these more practical-minded trade schools. (138 words)

　大学受験を控えていたり、受験を経験していたりすると、高校現場に対して「受験のための勉強ばかりでいいのか」「もっと実生活で役に立つことを勉強するのも必要ではないか」などと不満を持ったことがある人も多いのではないでしょうか。そのような思いをぶつけるつもりで書くと迫力のある論が展開できます。

　英文例も受験勉強中心の授業に対する批判から入っています。ユニークなのは、実業高校について言及している点です。すでにpracticalな教育を実践している、職業指導中心の実業校を進学校に対置することで、practicalであることがそれほど困難に思えなくなります。実現可能性の高そうなアイディアなら耳を傾ける人も多いでしょう。このように、批判だけに終わらず、新たな提案をしたり、ユニークな視点を導入できたりすれば、ぐんとレベルアップできます。

　予備校の生徒にこのテーマで英文を書いてもらうと、「英語は読み書きだけでなく、話せるように教育するべきだ」といった具体案を挙げている答案が目立ちました。もちろんそれでもいいのですが、個々の科目を取り上げるのだったら英語以外の科目にも少しは言及しないと、強い説得力が生まれません。たとえば日本史や世界史、古文・漢文など、すぐには世の中で役立ちそうもない科目はどうするのか。「個人の選択制にする」でもいいし、「廃止する」などの過激な意見でもかまいません。一文付け加えるだけで、文章が引き締まり説得力がぐんと高まります。「もう一言」を惜しまずに。

◎ 全訳例

　私は、日本の高校教育は大胆に変わって、もっと実用的なものになる必要があると思う。現在、生徒は中高校時代の歳月を1つの、最も重要な試験である大学入試の準備に費やしている。この試験のための詰め込みに何年もかけられるが、いったん試験が終わるや、「学習」されたことのほとんどは忘れられ、二度と再び使われることはない。ほとんどの高校卒業生は、次の大学での4年間、「学生であること」以外の活動のための準備は、あまりさせられない。高校がもっと実用的な教育をするのは、それほど困難なことではない。日本には実業高校があり、そこでは実際に生徒に現実の職業のための準備教育をしている。このような、より実用志向の実業学校の授業を受けるのは「ハイレベルの」高校、つまり有名進学校の生徒にとって、いい刺激になるかもしれない。

◎ 語句について

◎spend O *do*ing「…してOを過ごす、費やす」
◎devote A to B「AをBに捧げる」
※ここでは受動態で用いられています。
◎prepare A for B「AにBの準備をさせる」
※ここでは受動態で用いられています。
◎other than A「A以外の」
◎four more years「さらに4年」
※four years more や、another four years とも言います。
◎vocational high school「実業高校」
※商業高校や工業高校など、職業教育をする高校。「実業校」はほかに trade school や、technical school とも言います。
・do indeed …「実際に…する」
※この do は動詞（この場合は prepare）を強調する助動詞です。
・practical-minded「実用志向の」
※～-minded は「～の精神を持った」の意味です。
➡ He is safety-minded.「彼は安全第一主義だ」

第24講 | 150語の英文ライティング・その10

一橋大入試の問題を続けます。次のテーマで120〜150語の英文を書いてください。

> Christmas should not be celebrated in Japan.

ライティングのためのプラン

英文を書く際に次の**展開図**を参考にしてください。

① （トピック文）クリスチャンが人口の1％未満である日本でクリスマスが祝われているのは奇妙だ。
↓
② （論拠）日本は主に仏教と神道の国だ。
↓
③ （論拠の展開）日本人は正月に寺や神社に行く。
↓
④ （論拠の展開）このお参りには多くの伝統が結びついている。
↓
⑤ （結び）日本は自国の祝日や伝統をもっと重視するべきだ。

英文例

では、英文例を見てみましょう。

It probably seems a bit odd to the outside observer that Christmas is celebrated in Japan, especially when one considers that Christians in Japan account for less than one percent of its total population. Many may say, "Why

not celebrate Christmas? Most of the western world does." However, when speaking religiously, Japan is primarily a Buddhist / Shinto nation. Therefore it is inappropriate for people around the country to celebrate Jesus Christ's birthday, the holiday that belongs to the religious minority. Japanese society places a lot of value on the New Year holiday, which includes visits to both Buddhist temples and Shinto shrines. Many traditions surround these visits that are far more meaningful to Japanese society and family life than eating a Christmas cake or fried chicken. Japan should focus more on its own original holidays and traditions, and leave Christmas to the Christian countries.
(144 words)

　このテーマに対し、「世間のしきたりみたいなものに目くじらを立てたくない」と考える人もいるでしょう。でも、そもそも自分の考えを述べる**エッセイ**は、他の人と意見が違うからこそ書かねばならないものです。みんなと同じでいいのなら、あえて文章を書いて読み手を納得させようとする必要はないはず。「みんなはこう思っているようだけど、私は…」と**異議**を唱えるのが、エッセイの出発点です。

　第18講でも言いましたが、英文には、Of course, ... but ～（もちろん…だが、～）とか、It is certain ... . However, ～（たしかに…だ。しかし～）などのように、いったん**譲歩**しておいて（つまり、通念への理解を示したり、主張への反論があるのを見越したりした上で）、それとは対照的な主張を打ち出すという流れを持つ表現がよく出てきます。**譲歩 ➡ 逆接＋主張**と並べることで、主張が一層明確になり、本質的なことを論じようとしていると読み手に伝わる効果があるわけです。英文例でも、Many may say ... . However, ～（多くの人は…と言うかもしれない。しかし～）と使われています。

　異議を唱える練習をすると、ふだんあまり考えずにやり過ごしていることに改めて目を向け、思いを致すことで思考力が鍛えられます。常識や通念を疑ってみるというのが本物の知性への第一歩であることは言うまでもありません。

　ディベートに参加したつもりで、相手を説得するように効果的な主張をしてください。個人的にどう考えているかは関係ありません。実際、英文例を書いた筆者も It was a little difficult for me to write because I don't necessarily believe what I wrote!（必ずしも自分の意見というわけじゃないので、書くのがすこし難しかった）とあとで述べています。

◎ 全訳例

　日本でクリスマスが祝われているのは、外部から見る者にとって、少し奇妙に思われることだろう。特に、日本人のクリスチャンが人口の1％未満であることを考慮すると。「クリスマスを祝ったっていいじゃないか。西洋の国はほとんど祝っているよ」と多くの人は言うかもしれない。だが、宗教に関して言うと、日本は主に仏教と神道の国なのだから、イエス・キリストの誕生日という、マイノリティの宗教に属す祝日を日本中の人びとが祝うのは不適切だ。日本社会は新年の祝日を非常に重視するが、その日には仏教寺院と神社両方をお参りする。このお参りには、クリスマスケーキやフライドチキンを食べることよりもはるかに意味のある多くの伝統が結びついている。日本は自らの祝日や伝統をもっと重視するべきであり、クリスマスはキリスト教国に任せておけばよいのである。

◎ 語句について

・the outside observer「外部の観察者」
※ここでは外国人などのことを指します。
◎account for A「A（＝割合）を占める」
※「Aを説明する」の意味もあります。
◎less than ～「～未満」
※「以下」ではありません。
・total population「総人口」
◎Why not *do* … ?「…したらどうか」「…しようじゃないか」
・Shinto「（日本の）神道」
※Shintoism とも言います。
◎place a lot of value on A「Aを非常に重視する、重んじる」
◎focus on A「Aに焦点を当てる、Aを重視する」
◎leave A to B「AをBに任せる、委ねる」

第25講 150語の英文ライティング・その11

　一橋大入試の問題を続けます。これも、あえて**異議**を唱えるつもりで考えること。次のテーマで120～150語の英文を書いてください。

> The exploration of space is a waste of money.

「宇宙探査はお金の無駄だ」という視点から、120～150語の英文を書いてください。お金の問題ですから、経済的な見地から論じるといいでしょう。

■ ライティングのためのプラン

　英文を書く際に、次の**展開図**を参考にしてください。

① (トピック文) 宇宙探査の費用は地上でもっと有効に利用できる。
↓
② (論拠) 経済は現代世界で最大の問題の1つだ。
↓
(具体例)
③ (例1) 多くの国が経済を破綻させないよう四苦八苦している。
④ (例2) 発展途上国の食糧やエネルギーの自給を助ける必要がある。
⑤ (例3) 新型の危険な病気と闘うのにも大金が必要だ。
↓
⑥ (論拠の展開) 互いに助け合わなければ、大きな問題を解決できない。
↓
⑦ (結び) ほかの星のことより、地球をもっと大切にする必要がある。

英文例

では、英文例を見てみましょう。

> The vast amounts of money that are spent on space exploration could be put to better use here on earth. There are myriad problems in the world, and economic woes are amongst the greatest of the problems. Many once rich countries are now finding it hard to keep their economies afloat. Many experts point to the need to invest more money in the developing nations to help them gain self-sufficiency in food and energy. Large sums of money are also needed to help combat new and dangerous diseases that often break out in those countries and may threaten all mankind. We cannot solve major problems if we ignore other countries and do not try to help each other. It is true that the exploration of outer space is a good thing; however, I believe we need to take better care of our inner space, our home — the Earth. (148 words)

「宇宙探査はお金の浪費だ」というテーマ。そうかもしれないし、そうとも言えないかもしれない、つまり答えの出ない問題ですが、書くときには自分の立場を明確にします。

「いくら宇宙のことを調べても、人間が幸福に暮らせるようになるわけじゃない。そんなお金があったら、まず地上の問題に使うべきだ」という考え方をはっきりと打ち出しましょう。そのためには、宇宙探査をやめて余った予算で何ができるか、お金の使途の代案まで示すと説得力を増します。「慈善団体に寄付」「環境保護の基金」「公共事業」「文化・芸術への投資」…いくらでも浮かびそうですね。ただ、そういった項目を列挙するだけではダメ。テーマはあくまで、宇宙に大金を投じることへの批判であるのを忘れてはいけません。ほかの使途を示すと同時に、それが宇宙探査と比べてどれほど重要で切実であるかを訴えてください。

英文例では、次に示すように、現在多くの国が苦しい経済状態にあることを述べ、そうした中で大金を投じるなら途上国支援に充てるべきだと主張し、具体的にどのようなことに重点を置くかまで盛り込んでいます。

「宇宙探査に大金を投じる余裕はない」
➡「途上国を支援するべきだ」
➡「具体的には自給や医療援助」

　このように話題を絞りこんでいくことで文章が散漫になるのを避け、一貫性を持たせているのがわかります。あれもこれもと欲ばって、まとまりがなくならないよう気をつけましょう。

◎ 全訳例

　宇宙探査に費やされる大金は、この地上でもっと有効に利用できるだろう。地球には無数の問題があるが、経済的苦境は問題の中でも最大のものの1つだ。かつて豊かだった多くの国が、今や自国の経済を破綻させないよう四苦八苦している。発展途上国の食糧やエネルギーの自給を助けるためにもっと多額の資金を投入する必要があると、多くの専門家が指摘している。また、そのような国で発生することが多く、全人類を脅かすかもしれない新型の危険な病気と闘うのに役立てるためにも大金が必要だ。ほかの国のことを顧みず、互いに助け合おうとしなければ、大きな問題を解決することはできない。確かに大気圏外の探査もけっこうなことだが、私は、私たちの圏内、私たちのホーム、つまり地球をもっと大切にする必要があると思う。

◎ 語句について

◎vast amounts of money「大金」
＝large sums of money
◎could be put to better use「もっと有効に利用できるだろう」
※put O to better use（Oをよりよく利用する）が受動態で用いられています。なお、ここでの could は仮定法です。
・myriad「無数の」
◎economic woes「経済的苦境、不況」
・are amongst［among］… ＝are one of …
◎find it hard to …「…することを困難と思う」
※it ＝ to …

・keep O afloat「O を赤字を出さずにやっていく」
◎point to A「A を指摘する」
◎help (O) *do*「(O が) …するのを助ける、手伝う」
・self-sufficiency「自給」
◎It is true that …; however, 〜「なるほど…だが、〜」
・inner space「大気圏内」
※「内面の世界＝精神世界」の意味でも使われますが、ここでは直前の outer space（宇宙空間＝大気圏外）の対義語として用いています。

第26講 150語の英文ライティング・その12

　一橋大入試の問題をもう1つだけやりましょう。あえて**異議**を唱える訓練です。次のテーマで120〜150語の英文を書いてください。

> The low birthrate is not really a problem for Japan.

ライティングのためのプラン

次の**展開図**を基にします。

---

① (トピック文) 低い出生率は日本にとって問題ではない。

⬇

② (論拠1) 日本は人口過剰だ。
　➡具体例・補足

⬇

③ (論拠の展開) むしろ出生率をもっと低くするべきだ。

⬇

④ (論拠2) 日本は、食糧の半分以上を外国から輸入している。

⬇

⑤ (論拠の展開) 食糧安全保障に根拠はない。

⬇

⑥ (論拠の展開) 海外からの食糧供給が突然とまったら、多くの者が飢える。

⬇

⑦ (結び) 子どもを持たないよう奨励する必要がある。

英文例

では、英文例を見てみましょう。

第3章／150語の英文に挑戦！

> The low birthrate is not really a problem for Japan. A walk or drive down any street in any Japanese city will confirm one undeniable fact — Japan is extremely overpopulated. Everywhere you look or go, there are throngs of people rushing about, jostling for position in line or in traffic. Clearly a low birthrate for Japan is not a bad thing and I believe we need a lower birthrate to help with our future survival. Japan cannot support all the people that now live here without importing over half of its food from foreign sources. We often hear of "food security" from the government, but that is a myth. If there were suddenly no food available from overseas, a great many people in this country would starve. Japan needs to encourage its young couples to have fewer children so that it can become more secure and more self-sufficient.
> （148 words）

　世間で**常識**になっていることにあえて**異議**を唱える練習です。「出生率の低下は問題ではない」という意見は一般的には支持が得られにくいでしょうが、なんとか説得力を持たせましょう。

　1つの方策として、「これ以上人口が増えたらどんな問題が出るか」とか「今の人口が維持されたらどうなるか」と逆の面から論じていくことが考えられるでしょう。英文例はこれで書かれています。「どの都市のどの通りでも歩いたり車で通ったりすれば…」という冒頭は少し大げさだと感じられるかもしれませんが、正月の初詣や初売り、帰省ラッシュなどのことを考えれば、確かに「日本は人が多すぎる」という意見もうなずけます。

　次に、人口過剰が引き起こす問題点に触れます。英文例では自給率の話題でおなじみの食糧に絞っていますが、ほかにも住宅や天然資源などを例に出すこともできるでしょう。現在の自給率が何パーセントなど、具体的なデータを知っていれば、それを入れると説得力が増します。また、少ない人口でも豊かな生活を送っていると言われる北欧の国々との比較などを盛り込むのもうまい手です。「真の豊かさとは何か」を問いかける内容にできるでしょう。いろいろと試してみてください。

　締めくくりは簡潔にまとめます。出生率低下は日本にとって問題ではないというテーマの文をただ繰り返すのではなく、少し工夫しましょう。英文例のように、

「むしろ積極的に出生率を低下させるべきだ」などと、テーマをよりいっそう強調するのもいいですよ。

なお、**結び** (Conclusion) については、次の章で詳しく取り上げます。

◎ 全訳例

　低い出生率は日本にとってあまり問題ではない。日本のどの都市のどの通りでも歩いたり車で通ったりすれば、1つの否定できない事実を裏付けられるだろう。日本は人口過剰である。どこを見てもどこへ行っても、大勢の人が駆け回り、行列や車列で前に出ようと押し合いへし合いしている。明らかに、低い出生率は日本にとって悪いことではなく、将来の生き残りに役立てるには、出生率をもっと低くする必要があると私は思う。日本は、食糧の半分以上を外国から輸入しなければ現在の全人口を支えることができない。政府が「食糧安全保障」について述べるのをよく耳にするが、根拠のない話だ。海外からの食糧供給が突然とまったら、この国では非常に多くの者が飢えるだろう。より安定し、自給できるように、日本は若いカップルに子どもを持たないよう奨励する必要があるのだ。

◎ 語句について

・a walk or drive down any street
※「どの通りでも歩いたり車で通ったりすることは」が直訳。この前置詞 down は必ずしも「下り」を意味するわけではありません。
◎overpopulated「人口過剰の」
※「過疎の」は underpopulated と言います。
・everywhere SV「どこへ…しても」
＝ wherever SV
・throngs of A「大勢の A」
・jostle for position「(有利な) 地位を求めて押し合いへし合いする」
◎help with A「A (＝人以外) を手伝う、助ける」
※「手伝う、助ける」を意味するときの help は目的語に「人」以外を取ることができません。(×) I helped Tom's housework. ➡ (○) I helped Tom with his housework.「トムの家事を手伝った」
◎over half of A「A の半分以上」
＝ more than half of A

◎myth「根拠のない作り話」
※「神話」を意味する語ですが、このように否定的な意味でよく使われます。
◎If there were …
※仮定法で書かれています。
◎a great many A「非常に多数の A」
※冠詞 a がありますが、A は複数形です。
◎so that S can …「S が…できるように」

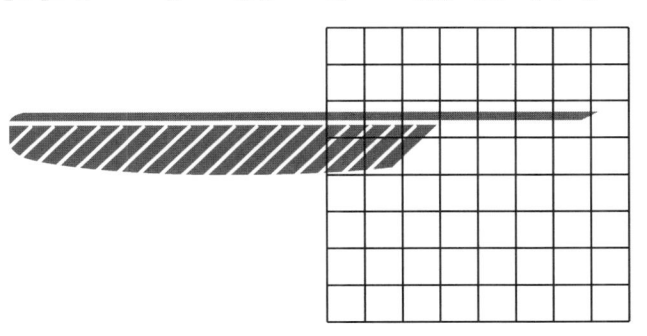

第4章
200語の英文に挑戦!

第27講 Introduction と Conclusion について

　ここからさらに語数を増やします。同時に、パラグラフも、これまでのように1つだけでなく、3つ以上にして、本格的な**エッセイ**を書いていきましょう。
　パラグラフが複数になると、これまでは必要のなかった Introduction と Conclusion が文章の最初と最後に加わります。
　Introduction は**導入**ということです。内容のあらましを伝え、読み手を無理なく本文に引き込まねばなりません。新聞や雑誌で言えば、見出しの次に置かれる**リード**(Lead) に当たります。エッセイ全体の要約だと思えばいいでしょう。これで1つのパラグラフを構成します。
　Conclusion はよく**結論**と訳されますが、これまで見てきたとおり、英文では最後にいたってようやく結論が述べられるのではありません。結論は Introduction にはっきりと示されますから、Conclusion はむしろ**結び**や**まとめ**といったイメージで考えてください。これも1つのパラグラフです。
　モデル英文で具体的に見てみましょう。次の英文はセンター試験で出題されたもので、4つのパラグラフから成っており、Introduction と Conclusion が含まれています。

◎ 英文例

　それぞれパラグラフ番号がつけてあります。パラグラフの要旨を取りながら読んでみてください。

¶1　Have you ever noticed the different approaches people use to deal with problems? Some people, "individualists", generally try to work through problems on their own. Other people, "cooperators", tend to approach problem-solving as a group matter. Each approach has positive and negative points.

¶2　Individualists may often be the quickest to find an answer to a problem, and they tend to be willing to take responsibility. However, this approach is not perfect. They may be too committed to a particular position to be able to change their opinions. In this way, the individualists' approach may result in difficulties later.

¶3　Cooperators are valued as team members — in sports or school or work. They tend to be flexible enough to recognize the importance of other points of view when problems arise. This approach, however, can take a long time, which may lead to delays in solving problems. Such difficulties sometimes cannot be avoided with the cooperators' approach.

¶4　We should learn to recognize the different approaches to dealing with problems. This knowledge can help us build smoother relations between people with different approaches to problem-solving.　(181 words)

　¶1で「問題に対処するのに個人主義的取組み方と協同主義的取組み方という2つの異なった取組み方があり、それぞれにプラス面とマイナス面がある」という主題が提示されます。このパラグラフが Introduction (＝リード) です。

　¶2では「個人主義的取組み方」の長短、¶3では「協同主義的取組み方」の長短がそれぞれ述べられます。

　そして、¶4が結び (Conclusion) です。「どちらにも長短があるのだから、違いを知ってじょうずに活用しよう」と言っているわけです。Conclusion は、それまで述べたことを踏まえて簡潔にしめくくるのが役目。1文か2文、せいぜい3文以内でサラリとまとめましょう。

■■■　エッセイの構造

英文例の内容を**展開図**で整理します。自分でメモを作る際の参考にしてください。

¶1　(Introduction)
　a. 問題への取組み方は2種類ある。
　　(1)「個人主義」

(2)「協同主義」
b. それぞれに長所と短所がある。
↓
¶2
(1)「個人主義」について
　長所：答えを一番早く見つける。進んで責任を取る。
　短所：自分の意見を変えられない。
↓
¶3
(2)「協同主義」について
　長所：柔軟性があり、他者の観点の価値を認める。
　短所：時間がかかって、問題解決が遅れる。
↓
¶4　(Conclusion)
・2つの取組み方の違いを知ることが円滑な問題解決につながる。

全訳

¶1　問題に対処するのに、人によって異なる方法を用いるのに気づいたことがあるだろうか。たいてい一人で問題を克服しようとする「個人主義者」もいれば、問題解決にグループで取組む傾向のある「協同主義者」もいるのだ。それぞれの取組み方にプラス面とマイナス面がある。

¶2　個人主義者は問題の答えを一番早く見つけられることが多いし、進んで責任を取る傾向がある。だが、この取組み方が完璧というわけではない。特定の立場にこだわりすぎるあまり、自分の意見を変えられないこともあるのだ。このように、個人主義的方法は後で問題を引き起こす可能性がある。

¶3　協同主義者は――スポーツでも学校でも職場でも――チームの一員として評価される。問題が生じたとき、自分以外の観点も重要であるのを認められるほどの柔軟性を持つことが多い。しかし、このやり方は長い時間がかかることがあるため、問題解決を遅らせるかもしれない。協同主義的方法では、このような問題点が時に避けられないのだ。

¶4　私たちは、問題に対処するのに異なった方法があることを認めるようにするべきだ。これを知っていると、問題解決に異なる取組み方をする人たちの間で、より円滑な関係を築くのに役立つのである。

◎ 語句について

◎deal with A「Aに対処する」
◎work through A「Aを克服する」
◎on *one's* own「自分で」「ひとりで」
・approach problem-solving as a group matter「問題解決にグループで取組む」
※直訳は「グループの問題として問題解決に取組む」
◎be quick to *do*「すばやく…する」
◎be willing to *do*「進んで…する」
◎be committed to A「Aにこだわっている、熱心である」
◎result in A「Aという結果になる」
◎lead to A「Aにつながる」

【ポイント】対比

　この英文例の¶1では、Some people / Other people という相関的な語句で「個人主義者」と「協同主義者」が紹介されています。また¶2と¶3で、それぞれの長所と短所がhoweverという副詞によって対比的に示されているのに気がついたでしょう。

　このように、2つの対照的なものを対にして提示する**対比**は、エッセイを書く場合に大切なテクニックの1つです。第16講でも少し触れましたが、どのような表現があるか、整理しておきましょう。

(1)　Some …; others ～「…もあれば、～もある」
　対比を明確にするため、セミコロン (;) のほか、接続詞 while でつなぐこともよくあります。
Some girls danced to music, while others talked to the boys.
「女の子の中には音楽に合わせて踊っている者もいれば、男の子としゃべっ

ている者もいた」

(2)　On the one hand, S V... On the other (hand), S V ～「一方では…。他方では～」

　これもセミコロン（;）などでつなぐことがよくあります。また、on the other hand は単独で使われることもよくあります。
On the one hand, people are concerned about the declining birthrate; on the other, they are worried about the population explosion
「人々は少子化を懸念する一方で、人口爆発に気を揉んでいる」

(3)　By [In] contrast, S V...「対照的に…」
The Chinese economy is rapidly growing. By contrast, Japan is still stuck in recession.
「中国経済は急速に成長している。対照的に、日本はまだ不況から抜け出せないでいる」

(4)　On the contrary, S V...「それどころか…」
I don't think that building is beautiful. On the contrary, it seems quite ugly to me.
「あの建物が美しいとは思わない。それどころか私にはかなり醜く見える」

(5)　Instead [Rather] S V...「それどころか、～」
　第8講【ポイント】に出てきた instead of ... や rather than ... の副詞 instead や rather を単独で用いることができます。
Paul didn't attend the meeting. Instead, he went out on a date.
「ポールは会議に出なかった。それどころか、デートに出かけてしまった」

第28講 200語の英文エッセイ1

　英検1級レベルの問題に向けて、この講からは200語の英文に挑戦します。大学入試では、東京外国語大などが200語の英作文を出題しています。
　まず英検1級の英作文問題とはどのようなものか、確認しておきましょう。

a. 決められたテーマ (TOPIC) に対して200語ほどの英文で意見を述べる。
b. 6つのPOINTSから3つを選んで用いる（順不同）。
c. IntroductionとConclusionを含む3つ以上のParagraphsで構成する。

　以上の条件は毎回同じです。およそのイメージが浮かびましたか。英検受験者はぜひ実際の問題を確認してください。英検のホームページでも見ることができます。
　次に、200語エッセイの書き方の手順です。

1. 1文は15〜20語で書くのが基本ですから、全体を10〜14文で構成することになります。各文を日本語で**箇条書き**しましょう。ここで注意してほしいのは、「Conclusionを除き、1文だけでパラグラフを作ることはできない」ということです。
2. 第1パラグラフはIntroductionですが、最低2文が必要です。ここで「TOPICに対する自分の考え」を明確に打ち出してください。
3. 次に一番大切な**論証**。これはBodyと呼ばれます。2つか3つのパラグラフで構成します。もちろん各パラグラフは複数の文で書かねばなりません。
4. 最後にConclusion。日本語では**結論**と言います。ただし、日本語の場合と違い、Introductionで述べたことと矛盾しない内容を形を変えて提示するので、**まとめ**に近いと考えられます。Introductionと同じ内容だからといって、表現まで同じにしないように気をつけましょう。

第4章／200語の英文に挑戦！

文のバランスも大切です。以下を目安にしてください。

(1) Introduction：2～3文
(2) Body 1：2文以上
(3) Body 2：2文以上
(4) Body 3：2文以上（Body 2まででもよい）
(5) Conclusion：1～2文

このようなバランスです。

英検1級で扱われるテーマは、やや堅めで、現代的なものが多いようです。例によって、独創的な内容は不要。まずは常識的な文章を目指してくださいね。

今回は「現代社会は悪化しているのか」というTOPICに対し、**賛成**の立場から書いてみましょう。

Moral、Family、The Internetという3つのPOINTSを用いること、そして、IntroductionとConclusionを含む3つ以上のParagraphsで構成することが条件です。抽象的なTOPICですが、なるべく具体例を挙げながら述べてください。

ライティングのためのプラン

英文を書く前に、内容を日本語で箇条書きして、**展開図**に整理しましょう。この段階で、展開に無理がないかなど、少し厳しい目で点検しておくことが大切です。

¶1　（Introduction）
　・犯罪の増加などを見れば、現代社会が悪化しているのは明らか。

⬇

¶2　（論拠1：宗教心の欠如）
　・時代を超越した規範が必要。

⬇

¶3　（論拠2：家族の弱体化）
　・離婚や虐待の増加。

⬇

¶4 （論拠3：インターネットの普及）
・自然な人間関係を阻害。

¶5 （Conclusion）
・ローマ帝国崩壊時との類似。

英文例

では、英文例を見てみましょう。

¶1　Look at the societies of modern, industrial countries. It's quite obvious that those societies are becoming more dangerous and full of crime. Why is this happening?

¶2　The main reason society is quickly worsening is the lack of serious religious beliefs. Religions provide morals to live by. They are not relative to current situations; they give us rules that are timeless, absolute and concrete. When people don't have religious rules to follow, they make their own.

¶3　Weak family relations are another reason why society is made morally corrupt. Increasingly, couples with children are divorcing. It is often reported that parents abuse their child, and we know that a lot of families experience domestic violence. Families break up and children don't have good examples to follow.

¶4　Additionally, the Internet has contributed to the worsening of society by depriving people of opportunities to meet and talk with each other. People communicate via the Internet easily and anonymously, without responsibility. Anyone can be rude or hurtful without any penalty. Clearly this confuses many about what relationships should be like.

¶5　It's often said that morals are declining, as they did during the fall of the Roman Empire. I think this may be true. (198 words)

¶1がIntroduction。「社会が悪化しているのは明らかだ」と提示します。

¶2〜¶4で、3つの要因を挙げています。ここでPOINTSのMorals / Family / The Internetそれぞれについて論じているのがわかるでしょう。

¶5がConclusion。¶1とは異なる表現で、テーマをもう一度簡単にまとめます。

これまでやってきたことを少し拡大するという意識で十分に対応できるはずです。もちろんこれ以外にもさまざまな書き方を試してかまいません。

◎ 全訳例

¶1 現代の工業先進国の社会を見てほしい。その社会が危険で犯罪だらけになりつつあるのは一目瞭然だ。なぜこんなことが起こっているのだろう。

¶2 社会が急速に悪化している主な原因は、真剣な宗教心の欠如だ。宗教は生きるための倫理をもたらしてくれる。それは現代の状況に関わるものではない。時代を超越した、絶対的で具体的な規範を与えてくれるのだ。人は従うべき宗教的な規範を持たないとき、自分なりの規範を作り上げてしまう。

¶3 家族関係の弱さも、社会が道徳的に堕落する理由だ。子供を持つ夫婦の離婚が増加している。親による我が子の虐待がたびたび報道され、多くの家庭が家庭内暴力を経験することを私たちは知っている。家庭は崩壊し、子どもには良いお手本がない。

¶4 さらに、インターネットが人々から出会って話す機会を奪うことで、社会の悪化に寄与している。人々はインターネットを使って安易に、匿名で、無責任にコミュニケートしている。誰でも罰されることなく、人を侮辱したり傷つけたりできるのだ。このようなことが、人間関係のあるべき姿について多くの人を混乱させているのは明らかなのである。

¶5 いま倫理はローマ帝国崩壊の時のように低下しつつある、とよく言われる。私はそうかもしれないと思う。

◎ 語句について

◎live by A「Aで生活を規制する」「Aを拠り所として生きる」
◎be relative to A「Aと関わりがある」
・abuse「虐待する」
※abuseは名詞としても用いられます。
➡ child abuse「児童虐待」

・families break up「家庭が崩壊する」
➡ breakup of a family「家庭崩壊」
◎contribute to A「A に寄与する」
◎deprive A of B「A から B を奪う」
◎what A should be like「A のあるべき姿」
※直訳は「A がどのようであるべきか」です。
・as they did ＝ as morals declined

第29講　200語の英文エッセイ2

　次の TOPIC に対して Yes の立場から 200 語の英文を書いてみましょう。以下に挙げた 3 つの POINTS を入れ、Introduction と Conclusion を含む 3 つ以上のパラグラフで構成してください。POINTS の語句は、品詞などを変えてもかまいません（Climate ➡ Climatic など）。また、英文に登場させる順番も自由。以降の問題についても同様です。

> TOPIC: Is it possible to end world hunger?
> POINTS: Developing countries / Climate / Genetically modified food

　POINTS から思い浮かぶ書き方の一例としては、

> a.「途上国」での飢餓問題にふれる。
> b. 地域の「気候」に合わせなければならないところに農業の難しさがある。
> c.「遺伝子組換え食品」が解決策として考えられる。

などといったところでしょう。参考にしてください。

■ ライティングのためのプラン

以下の**展開図**を基にします。

> ¶1　(Introduction)
> 　a. 多くの発展途上国で飢餓が大きな問題になっている。
> 　b. 科学技術で解決できる。
> ⬇
> ¶2　(論拠)
> 　a. 遺伝子組換え食品が最適である。

b. 害虫や疫病に抵抗力を持つ作物を作ることができる。

↓

¶3 （論拠の展開）
a. 遺伝子組換え食品の問題点。
b. 健康への影響を調べる必要がある。
c. 動物実験などの長期的な研究が望ましい。

↓

¶4 （Conclusion）
・遺伝子組換え技術によって飢餓を終わらせることは可能だ。

英文例

では、英文例を見てみましょう。

¶1　We live in a hungry world. Over 85% of the people in the world live in poverty, and famine is a major issue in many developing countries. I believe that our science and technology can solve the problem.

¶2　Scientists say that genetically modified crops are the best way to grow food for the many different climates and situations around the world. In many areas, pests such as insects and mice destroy crops that are meant for human consumption. In other regions, some diseases strike certain food crops and make it impossible to grow enough food. Genetically modified crops that resist these problems are supposed to be the answer.

¶3　Of course, we need to think about what effect genetically modified food may have on human health. The DNA of genetically modified crops is changed or combined with totally foreign materials that may not be good for humans to eat. It goes without saying that being more cautious and studying the long-term effects of test animals that eat genetically modified crops would be better.

¶4　I'm sure there is no better way to support our increasing population

> than by genetic modification and that science and technology can make it possible to end world hunger.（201 words）

　実際に書いてみると、200語というのは分量的になかなか大変だとわかるでしょう。しかもテーマが日常レベルではないので、ある程度の知識がないと、TOPICとPOINTSのつながりがわからず、どう論じていいのか途方に暮れるかもしれません（なお、TOPICについては、次講で取り上げます）。

　あまり無理をせず、まずは多くの英文例に触れましょう。英検のホームページには解答例も紹介されています。特に文章の構成に注目してくださいね。筆者が「どのような論理で読み手を納得させようとしているのか」を考えながら読むことが大切。その経験が、自分で書くときに生かされるはずです。

◎ 全訳例

¶1　世界は飢えに苦しんでいる。世界人口の85％超が貧困状態にあり、多くの発展途上国では飢饉が大きな問題だ。私は、科学とテクノロジーでこの問題を解決できると信じている。

¶2　科学者は、世界のさまざまな気候や状況で食料を生産するには遺伝子組換え作物が最適の方法だと言っている。多くの地域で、人間が消費するための作物を虫やネズミのような有害小動物が台無しにしている。疫病が食用作物を襲い、十分な食料が生産できない地域もある。このような被害に抵抗力を持つ遺伝子組換え作物が解決策になるだろう。

¶3　もちろん、遺伝子組換え食品が人の健康にどのような影響を及ぼすかは考える必要がある。遺伝子組換え作物のDNAは変えられたり、人間が食べるのには適さないかもしれない全く異質の物質と結合されたりしているからである。より慎重になって、遺伝子組換え作物を食べた実験動物の長期的な影響を研究することが望ましいのは言うまでもない。

¶4　増え続ける人口を支えるのに遺伝子組換え以上の方法はないし、科学とテクノロジーが世界の飢餓を終わらせることができると私は信じている。

◎ 語句について

◎genetically modified「遺伝子組換えが行なわれている」

・pest「有害な小動物、害虫・害獣」
◎A such as B「(たとえば) B のような A」
◎be meant for A「A のために作られている、A 用である」
◎be supposed to be …「…だと考えられている」
◎have effect on A「A に影響・効果を及ぼす」
◎combine A with B「A を B と結合させる」
・good for humans to eat「人間が食べるのに適した」
◎It goes without saying …「…は言うまでもない」

第30講 200語の英文エッセイ3

次の TOPIC に対して Yes の立場から200語程度のエッセイを書いてください。Introduction と Conclusion を含む3つ以上のパラグラフで構成します。必ず POINTS の3つの語句を用いること。

TOPIC: Can nuclear power solve the energy problems?
POINTS: Price of oil / Carbon emission / Safety

ライティングのためのプラン

以下の**展開図**を基にします。

¶1 (Introduction)
 a. 電力需要と石油価格が上昇している。
 b. 問題解決のため、原子力利用を支持する。
↓
¶2 (論拠1: 安価である)
 ・可燃性の資源を必要としない。
↓
¶3 (論拠2: 環境に良い)
 ・大気汚染や温暖化を引き起こさない。
↓
¶4 (論拠3: 安全である)
 ・管理が厳しく、事故は少ない。
↓
¶5 (Conclusion)
 ・原子力はエネルギー需要に対応できる。

◎ 英文例

では、英文例を見てみましょう。

¶1　I fully support the use of nuclear power. As the demand for electrical power is set to keep growing for many years and the price of oil will continue to rise, there are many reasons to expand its use and I believe all of the positives outweigh any negatives.

¶2　Primarily, nuclear energy is inexpensive and can provide large amounts of power relatively easily and cheaply. The cost of fueling a nuclear power plant is lower too, simply because it does not require constant feeding of some combustible source, like coal.

¶3　Since nuclear power does not consume fossil fuels, nor produce any smoke, it is better for the environment. Those who believe in man-made global warming are also quick to point out that nuclear power helps reduce carbon emissions.

¶4　In addition, nuclear power has a very good safety record when viewed in total. In the western world, there have been very few accidents in the nuclear power industry. Nuclear power plants have such strict safety rules and procedures that the chance of a major accident is extremely low.

¶5　These days, electric stoves and electric-powered automobiles are gaining in popularity. The requirements for energy will continue to grow and we can meet them by utilizing nuclear power.（205 words）

　今回は原子力の利用について考えるという課題でした。英文例では、¶1のIntroductionが「原子力利用を支持」。続いて、¶2が「経済性」、¶3が「環境への影響」、¶4が「安全性」という観点からそれぞれ原子力の長所を挙げています。そして最後に、¶5のConclusionが「簡潔なまとめ」という構成です。

　前回もお話ししたように、英検1級で出題されるTOPICは高度なものが多く、きちんと論じるにはある程度の知識や理解が欠かせません。この数年では、「未開地の保護」「暴力犯罪」「高齢化社会」「国際問題での日本の役割」「国際スポーツ競技会の主催」などといった現代社会特有の問題に対して意見を述べることが求

められました。

　英語の勉強だけでも大変なのにという声が聞こえてきそうですが、私たちが取組んでいるのが「現代英語」であることをくれぐれもお忘れなく！

　言葉というものは時代背景抜きには存在しません。たとえば、いくら古文単語や古典文法を覚えても、平安朝の風俗や習慣をある程度は知らなければ『源氏物語』を理解することはできないでしょう。現代世界で起こっていることを知らずに、英語を読んだり書いたりするのは無理があります。ネイティブ・スピーカーだって、知識がなければ環境や社会の問題について発言できないのです。言い換えれば、英語を学習するからには現代の問題に無関心でいるわけにいかないということ。

　新聞や雑誌、インターネット…情報源は何でもいいですから、<u>日常生活で読んで考える、考えながら書いてみるという習慣を身につけましょう</u>。大げさにかまえる必要はありません。ほんの小さなことを積み重ねていくだけで、思いがけないほどのことが達成できるものなのです。

◉ 全訳例

¶1　私は原子力の利用を完全に支持する。電力需要が今後何年も伸び続けるのは確実で、石油価格も上昇し続けるだろうから、原子力利用を拡大する根拠はたくさんあるし、私は利点のすべてがどんな欠点をも上回ると思う。

¶2　第一に、原子力エネルギーは安価で、大量の電力を比較的容易に安く供給できる。原子力発電所を稼働する費用も低いが、それは単に、石炭のような可燃性の資源をたえず送り込む必要がないからである。

¶3　原子力は化石燃料を消費しないし、煙も出さないので、環境にも良い。地球温暖化が人間のせいだと信じている人々も、原子力が炭酸ガス排出を減らすのに役立つとただちに指摘している。

¶4　さらに、全体的に見て原子力は安全面でも非常に優れた記録を誇っている。西側諸国では、原子力産業における事故は非常に少数だ。原子力発電所には非常に厳しい安全規則や手続きがあるため、大事故の可能性は極めて低いのである。

¶5　最近では、電気こんろや電気自動車が人気を得つつある。エネルギー需要は高まり続けるが、原子力を利用することで需要に応じることができるのだ。

語句について

・be set to *do*「確実に…する」
◎outweigh「O にまさる」
◎nuclear power plant「原子力発電所」
◎point out that S V「…だと指摘する」
・carbon emission「炭酸ガス排出」
◎in addition「その上、さらに」
◎in total「全体的に」
◎such 〜 that SV「非常に〜なので…」
※〜には名詞か名詞句が入ります。
◎these days「最近では」
※現在時制で使います。
・electric stove「電気こんろ」
・electric-powered automobile「電気自動車」
◎gain in popularity「人気が増す、普及する」

第31講 200語の英文エッセイ4

前回と同じTOPICに対して、次はNoの立場から200語程度のエッセイを書いてください。パラグラフは3つ以上で、IntroductionとConclusionを含み、必ずPOINTSの語句を用いること。

TOPIC: Can nuclear power solve the energy problems?
POINTS: Radioactive material / Disposal / Terrorist

■ ライティングのためのプラン

以下の**展開図**を基にします。

¶1 （Introduction）
・原子力はエネルギー問題を解決しない。

¶2 （論拠1：安全性に問題がある）
・スリーマイル島やチェルノブイリのような大事故が起こった。

¶3 （論拠2：環境を汚染する）
・廃棄物の処理や貯蔵が問題を引き起こす。

¶4 （論拠3：テロリストに悪用される）
・原子力発電所はテロリストの標的になりうる。

¶5 （Conclusion）
・太陽エネルギーなどに目を向けるべきだ。

◎ 英文例

では、英文例を見てみましょう。

¶1　Increasing the use of nuclear power seems like a very good solution to today's energy problems in Japan and in the world. It is often said that it is the answer to dependence on expensive foreign oil and to global warming. However, the negatives associated with nuclear power make it a poor solution to these problems.

¶2　First and foremost, one needs to look at the safety of nuclear power. Accidents like Three Mile Island and Chernobyl have left a devastating, lasting impact on the local human and animal populations, not to mention the spread of radioactive material around the globe.

¶3　Furthermore, the disposal and storage of waste from nuclear power plants is enormously problematic. The waste will remain dangerously radioactive for thousands of years. It must be stored in areas that are not near any source of groundwater or human population.

¶4　Finally, the use of waste as a terrorist weapon cannot be overlooked. Recently it was revealed that terrorists had plans to fly airplanes into nuclear power plants to cause widespread destruction.

¶5　Perhaps a better solution to our electrical energy needs would be to focus on renewable sources of energy like solar power, wind and wave energy.（197 words）

前回は支持した原子力利用を、今回は批判します。

¶1でIntroductionとして「原子力はエネルギー問題を解決できない」と明示するのは、もう大丈夫ですね。

¶2から根拠を書いていきます。POINTSに挙げた3つの言葉から、原子力の否定的な側面を思い浮かべることができましたか。まずは「放射性物質」。特に事故が起こった場合、世界的な汚染が大きな問題となるでしょう。

次に¶3が「処理」。放射性廃棄物をどう処理するか、解決できていない問題であるのをご存じと思います。

最後に¶4が「テロリスト」。原発がテロリストに狙われたら…アクション映画に使われる設定ですが、現実問題とも言えるでしょう。

以上のそれぞれを、なるべく具体的に、できれば例を挙げながら述べていきます。列挙するわけですから、¶2 First, … ¶3 Second, … ¶4 Third, … のような書き出しで始めることもできるし、上の英文例のような表現も使えます。

¶5はConclusionとして、簡潔にまとまるだけ。¶1の単なる繰り返しにならないよう気をつけてください。英文例のように、原子力以外のエネルギーを提案するのは思いつきやすいでしょう。

このように、1つのテーマについてプラス面とマイナス面の両方を考えたり、賛成と反対それぞれの立場から問題を捉えたりする習慣を身につけたいもの。一方の面から論じるのが難しい場合でも、逆からだと案外すらすら書けることもよくあります。「絶対こっち」などと決めつけず、柔軟に対処しましょう。英語には"Thought is free"ということわざがありますよ。

◎ 全訳例

¶1 原子力利用を増やすことは、日本や世界の今日のエネルギー問題に対する非常に優れた解決策のように思われる。それは、高くつく石油輸入への依存や、地球温暖化を解決する方法であると言われることも多い。しかし、原子力に関連するマイナス面のせいで、これらの問題への解決策としては欠陥があるのだ。

¶2 何よりもまず、原子力の安全性に目を向ける必要がある。スリーマイル島やチェルノブイリのような事故は、地域の住民や動物に破壊的で永続的な衝撃を残しただけでなく、放射能物質を世界にまき散らした。

¶3 さらに、原子力発電所が出す廃棄物の処理と貯蔵は極めて大きな問題だ。廃棄物には何千年もの間、危険な放射能が残るだろう。地下水源や人間の近くでない地域で貯蔵しなければならない。

¶4 最後に、廃棄物のテロ用兵器としての使用も見過ごせない。最近明らかになったことだが、テロリストは原発に飛行機を激突させて大規模な破壊を引き起こす計画を持っていた。

¶5 電力需要に対するもっと優れた解決策は、太陽や風や波のエネルギーのように再生可能なエネルギー源に焦点を合わせることかもしれない。

第31講 200語の英文エッセイ4

語句について

◎solution to A「Aの解決策」
◎dependence on A「Aへの依存」
◎global warming「地球温暖化」
・associated with A「Aに関連している」
◎first and foremost「何よりもまず」
◎impact on A「Aへの衝撃」
◎not to mention …「…は言うまでもなく」
・radioactive material「放射性物質」
◎remain C「Cのままである」
※Cがなければ「残る」の意味です。
◎recently「最近」
※第30講で登場した these days とは違い、現在完了や過去時制で使います。
◎fly an airplane「飛行機を飛ばす」
◎focus on A「Aに焦点を合わせる」

第32講 200語の英文エッセイ5

次のTOPICに対してYesの立場から200語程度のエッセイを書いてください。パラグラフは3つ以上で、IntroductionとConclusionを含み、必ずPOINTSの3つの語句を用いること。

TOPIC: Should Japan promote international marriage?
POINTS: Immigrate [Immigrationなどに変化させてもかまいません] / Closed country / Bilingual

■ ライティングのためのプラン

以下のような**展開図**を基にします。

¶1 (Introduction)
　a. アメリカは移民の力で偉大な国となった。
　b. 日本もアメリカの例にならうべきだ。
↓
¶2 (日本の問題点)
　a. これまでの日本は閉鎖的だった。
　b. 世界の変化に取り残され停滞している。
　c. 新しい血を入れるべきだ。
↓
¶3 (国際結婚の利点)
　a. バイリンガルの子どもが生まれる。
　b. それによって外国とのコミュニケーションが向上する。
↓
¶4 (Conclusion)

・国際結婚は日本を外国に知らしめることにも役立つ。

◎ 英文例

では、英文例を見てみましょう。

¶1　I come from the USA, a country called the "melting pot." People from all over the world have immigrated to my country and made it great. My ancestors were also immigrants. So should Japan follow suit? Would Japan also become greater? I believe it should and will become greater.

¶2　For most of its history, Japan has been a very closed country when it comes to immigration and international marriages. Of course, that may have helped Japan realize stability and prosperity in its society. Today, however, the country is stagnant because it cannot keep up with the rapid changes in the world. It is necessary to break the deadlock by bringing "new blood" into Japan.

¶3　Japan would do well to further promote international marriages. Such marriages produce bilingual, bicultural children who contribute to making Japan a truly more international partner with the world. I think that the children of international marriages are a lot like ambassadors. They can open doors to the outer world because of their unique perspective and dual identity.

¶4　International marriages benefit society in many ways. Japan can be enriched by contacts with new cultures, friends and family members. In return, native Japanese can spread knowledge of their land through these contacts.
（203 words）

　国際結婚を支持する根拠を述べる英文です。POINTSの「移民」「閉ざされた国」「バイリンガル」という言葉のうち、「閉ざされた国」は日本に対する批判としてよく使われますね。

　これに対し、「バイリンガル」は明らかに国際結婚によって生じるプラスの側面

を表すものだと気づいたはず。以上から、これまで「移民」の受け入れに消極的だったことからくる弊害などに触れ、この局面を打開する手だてとして国際結婚を促進するべきだという展開に持ち込むことが考えられます。

　英文例を見てみましょう。筆者自身のことを書いていますが、外国人を受け入れることによって成功したアメリカやオーストラリアなどの例を思いつくことは日本人にもできるでしょう。

　¶2 では「閉ざされた国」という負の面に言及します。ここでは時制に注意しましょう。「かつてはそれで良かったかもしれない」(過去)が、「今はもう通用しない」(現在)などと対比を鮮明に打ち出すと効果的です。

　¶3 で「バイリンガル」について述べます。ついでに bicultural という語も知っておくと役立ちそうですね。dual identity も英語ならではの表現と言えるでしょう。

　¶4 (Conclusion) はまとめ。簡潔に整理します。

全訳例

¶1　私はアメリカ合衆国、つまり「るつぼ」と呼ばれる国の出身だ。世界中の人々がこの国にやってきて、アメリカを偉大な国にした。私の祖先も移民だった。日本もこの例にならうべきだろうか。日本ももっと偉大な国になるだろうか。そうするべきだし、もっと偉大になると私は信じている。

¶2　移民や国際結婚については、日本はその歴史のほとんどを通じて閉鎖的な国だった。もちろん、それが日本社会の安定や繁栄の実現に寄与したのかもしれない。しかし今日、世界の急速な変化について行けず、この国は停滞している。日本に「新しい血」を入れることで、行き詰まりを打破する必要があるのだ。

¶3　日本はさらに国際結婚を促進するべきだろう。国際結婚はバイリンガルでバイカルチュラルの子どもを生み、彼らは日本を世界にとって真にいっそう国際的なパートナーとするために貢献するだろう。国際結婚で生まれる子どもは大使のようだと思う。その独自の視野や二元的アイデンティティにより、外の世界に通じるドアを開くことができるのだ。

¶4　国際結婚は多くの点で社会に利益をもたらす。新たな文化や友や家族との接触で、日本は豊かになれる。引き換えに、日本人はこの接触を通して自国の知識を広めることができるのである。

語句について

◎melting pot「坩堝(るつぼ)」
※アメリカは「人種の坩堝」と呼ばれてきました。ほかに、a big bowl of salad（大鉢に盛られたサラダ）、つまり「多くの人種や文化がサラダボウルに入り混じったような場所」と言われることもあります。
◎follow suit「先例にならう、後に続く」
◎when it comes to A「Aのこととなると」
◎keep up with A「Aに遅れずについていく」
◎would do well to *do*「…したらよいだろう」
◎further「さらに」
※far の比較級。
◎contribute to *do*ing「…することに寄与・貢献する」
◎in return「引き換えに」

第33講 200語の英文エッセイ6

次のTOPICに対して**No**の立場から200語程度のエッセイを書いてください。POINTSから3つの語句を選んで文中で用いること。パラグラフは3つ以上で、IntroductionとConclusionが必要です。

> TOPIC: Should all people have higher education?
> POINTS: Future role / Opportunity / Higher pay / Financial burden / Quality / "Blue-collar" profession

今回は英検の本試どおり、6つのPOINTSから3つを選択してエッセイを書いてみましょう。まず「すべての人が高等教育を受ける」ことのプラス面マイナス面を考え、それぞれどのPOINTSが使えそうか、予想を立ててみます。

プラス面では、「機会均等」(equal Opportunity / equality of Opportunity)の実現や、「高賃金」(Higher pay)が期待できることなどは思い浮かべやすいでしょう。「国民全体のレベルアップ」などに言及すれば、Qualityを使えそうです。

次にマイナス面に目をやると、「肉体労働者人口の減少」で"Blue-collar" professionが、「財政圧迫」でFinancial burdenが使え、「役割分担が不明確になる」ことを取りあげればFuture roleを生かせるでしょう。

課題はNoの立場から書くという条件ですが、マイナス面ばかり挙げるより、プラス面も視野に入れつつ論じていく方が説得力を増すということはこれまでに何度もお話ししたと思います。上のように両面から考えているうちに文章の構想も次第に整っていくはず。簡単に箇条書きするといいですよ。

■ ライティングのためのプラン

以下のような**展開図**を基にします。

¶1 (Introduction)

・大学や高校に進学しない人も多いが、それは自然なことだ。
（すべての人が高等教育を受ける必要はない）
⬇
¶2　（論拠1：学校だけが教育の場ではない）
・高等教育を受けなくても価値ある社会人になることはできる。
⬇
¶3　（論拠2：すべての人が大学教育を受ければ、肉体労働に従事する人が減る）
・肉体労働も私たちの社会生活に不可欠のものだ。
⬇
¶4　（Conclusion）
・どのような教育を受けるかは自分で選ぶことができるべきである。

英文例

では、英文例を見てみましょう。

¶1　A well-educated public is the desire of most modern civilizations. However, many people do not go on to universities or colleges after graduating from high school and a few even do not get high school education. Some say this is bad, but I believe it is only natural and good.

¶2　We all know that school is not the only place we can study something. Education at school has its own limits; not everyone makes progress in college or university. While all people should have equal rights and opportunities to further their education past the high school level, it is not absolutely necessary to have a higher education to be productive and meaningful members of society.

¶3　We tend to think of university graduates as more deserving of "mental work" and higher pay, simply because they went to a university. If all people should get university education, would they like to become manual laborers? Look at any of the so-called "blue-collar" professions. They provide services or goods that are necessary for our daily lives. The skilled workers can gain satisfaction and fulfillment in these jobs just as well as their university graduate counterparts.

¶4　We should decide our life course for ourselves and be able to choose what education to receive.（208 words）

　　英文例は、教育を受ける権利や機会は確保するものの、あくまでも自由意志で選択できるべきだとの主張です。また、すべての人が進学した場合、肉体労働がなおざりにされるのではないかとの懸念についても述べています。このように「もしそれが実現したらどうなるか」という仮定を導入すると、TOPIC が内包している問題点が浮かび上がることも多いもの。言いかえると、問題点に気づいた場合には「反対」や「批判」の立場から書くと論じやすいということです。

◎ 全訳例

¶1　ほとんどの現代文明は十分な教育を受けた大衆を求めている。しかし、高校卒業後、大学に進学しない人は多いし、高校教育さえ受けない人も少数いる。これは良くないという人もいるが、私はごく自然で良いことだと思う。

¶2　私たちは皆、学校だけが何かを学べる場だということはないと知っている。学校教育にもそれなりの限界があり、大学に行った誰もが向上するとは限らない。すべての人が高校レベル以上に教育を継続する権利と機会は平等に持つべきだが、社会の生産的で存在価値がある一員となるために高等教育を受けることが絶対に必要であるわけではないのだ。

¶3　私たちは大学卒業生を、ただ大学に行ったというだけの理由で、「頭脳労働」や高い賃金に値すると見なしがちだ。すべての人が大学教育を受けることになったら、彼らは肉体労働者になりたがるだろうか。いわゆる「ブルーカラー」の職種のどれにでも目をやってもらいたい。私たちの日常生活に必要なサービスや品物を提供する職業である。熟練労働者はこの仕事で、大学卒業生と同様、満足や充実感を得ることができるのだ。

¶4　私たちは自分の人生コースを自分で決めるべきであり、どのような教育を受けるかを選ぶことができるべきなのである。

語句について

◎not everyone ... 「誰もが…とは限らない」
◎make progress「進歩する、向上する」
・further「O を進める、促進する」
※ここでは動詞として用いられています。
◎think of A as C「A を C と見なす」
◎deserving of A「A に値する」
※この deserving は形容詞。
◎mental work「知的活動、頭脳労働」
◎manual laborer「肉体労働者」
◎skilled worker「熟練労働者」
・their university graduate counterparts「大学卒業生」
※the skilled workers に対して「大学を卒業している労働者」ということ。
◎for *one*self「自分で、独力で」

第34講 | 200語の英文エッセイ7

次の TOPIC に対して No の立場から 200 語程度のエッセイを書いてください。POINTS から 3 つの語句を選んで文中で用いること。パラグラフは 3 つ以上で、Introduction と Conclusion が必要です。

> TOPIC: Can the United Nations bring world peace some day?
> POINTS: Troubled times / Superpower / Regional conflict / History of mankind / Intervene / Use force

ライティングのためのプラン

以下のような**展開図**を基にします。

¶1 (Introduction)
　a. かつて国際連盟が存在したが、うまく機能できなかった。
　b. 国際連合も成功するとは思えない。

↓

¶2 (論拠 1：人類の歴史は戦争の歴史だった)
　・20 世紀以降、戦争はますます激化している。

↓

¶3 (論拠 2：大国は経済力や政治力を失いたくない)
　・限りある資源を奪われたくない。

↓

¶4 (Conclusion)
　・国連が成功するには、まず人間が変わるほかない。

英文例

では、英文例を見てみましょう。

¶1　The United Nations was born out of a desire by the peoples of Earth to help promote and guarantee peace in troubled times. It had a predecessor called the League of Nations. I do not believe the UN can accomplish the mission the predecessor failed in, when peace is so hard to attain.

¶2　War has been with man from his earliest beginnings, and it would seem that the history of mankind shows that we are creatures of war. When we look at the list of wars in the 20th century and today, we can see that there have been more wars and more people have been killed in the last one hundred years than ever before.

¶3　The world is getting more violent, despite the efforts of the United Nations. Wealthy countries do not want to lose their wealth; they fear that others will rob them of their economic and political power. Since the resources on earth are limited, it is natural for the developed nations to try to protect them even by using force.

¶4　The United Nations certainly doesn't seem to be succeeding. For this association to help bring peace to the world, human nature will have to change first. (200 words)

　この TOPIC に対して Yes の立場から書きたいと思った人も多いでしょう。誰しも世界平和が実現してほしいですからね。ただ、それを書こうとすると、いかにも「優等生」的な、平板な内容になりがちで、意外と展開に行き詰まるかもしれません。やはり文章というのは、アグレッシブな気持ちの方が書きやすいもの。あえて挑発的な論点を持ち込むと筆が進むものです。

　英文例では、¶1 (Introduction) でかつての国際連盟の挫折に触れ、同じことをやろうとしている国連の前途の険しさを示しています（ここで Troubled times「混沌とした時代」を使用）。

　その根拠として、¶2 では、人類の歴史が戦争の歴史であったこと、特に 20 世紀以降、戦争は減るどころか増大・拡大していると指摘します（History of mankind

「人類の歴史」を使用)。

次に¶3で、戦争の源である各国のエゴを取りあげ、国家間の争いが不可避的なものであることを強調しています（Use force「武力を使う」を使用）。

¶4（Conclusion）も、悲観的な展望を述べて締めくくりです。

つらくなる結論ではありますが、「世界平和」などという大きな理想は決して楽に実現するはずがないことも、厳しいけれど現実でしょう。説得力のある文章を書こうとするとき、「リアルな視点」を持つことも必要なのです。

なお、POINTSの残り、Superpower（超大国）、Regional conflict（地域紛争）、Intervene（介入する、調停する）を用いる練習もしてみましょう。次の例文を参考にしてください。

---

a. Will the Superpower try to help poorer countries even when it is in a dangerous situation?
b. In the late 20th century, a number of regional conflicts broke out all over the world.
c. Because the two countries could not reach a peace agreement, the UN intervened.

全訳例

¶1 国際連合は、混沌とした時代に平和を促進し保証できるようにという諸国民の願望から生まれた。国連には国際連盟という先行組織があった。平和がこれほど達成困難な時代にあって、国連が先行者のなしえなかった使命を遂行できるとは私には思えない。

¶2 戦争は人類のそもそもの始まりからついてまわっているし、人類の歴史は、私たちが戦争の産物であることを示しているように思われる。20世紀と今日の戦争のリストを見ると、この100年間でそれ以前のすべてよりも多くの戦争があり、多くの人が死んでいるとわかる。

¶3 国連の努力にもかかわらず、世界はますます暴力的になっている。裕福な国は自分たちの富を失いたくないし、ほかの国から経済力や政治力を奪われるのを怖れている。地球上の資源には限りがあるから、先進国が武力を使ってでもそれを守ろうとするのは当然なのだ。

¶4　国連が成功しているようにはどうも思えない。国連が世界平和をもたらすのを可能にするには、まず人間性が変わらねばならないだろう。

◎ 語句について

◎the United Nations「国際連合」
cf. the League of Nations「国際連盟」
◎desire to *do*「…したいという欲求」
◎the peoples of Earth「地球の諸国民」
※people を「民族」や「国民」の意味で使う場合、a people や peoples とします。
・troubled times「混沌とした時代」
・hard to attain「達成するのが困難な」
・man「人間、人類」
※この意味で用いる場合は冠詞をつけません。
◎rob A of B「A から B を奪う」
・this association「この組織」つまり「国連」

※例文の訳
a．超大国は自らが危険な状態にあるときでも、貧しい国を援助しようとするだろうか。
b．20世紀後半、世界中で多くの地域紛争が勃発した。
c．その2国は平和協定の合意に達しなかったため、国連が調停した。

第35講 200語の英文エッセイ8

200語エッセイの最終回です。総仕上げと思って取り組みましょう。

次のTOPICに対してYesの立場から200語程度のエッセイを書いてください。POINTSから3つの語句を選んで文中で用いること。パラグラフは3つ以上で、IntroductionとConclusionが必要です。

TOPIC: Should Japan open its door to more foreign workers?
POINTS: Working visa / Declining birthrate / Human resources / Refugee / Competition / Employment mobility

■■ ライティングのためのプラン
■■

以下のような**展開図**を基にします。

¶1 （Introduction）
　a. 日本の出生率は低下している。
　b. 増加する高齢者を支えるには外国人に頼るほかない。

↓

¶2 （論拠）
　a. 医療分野ではすでに政府が取り組んでいる。
　b. フィリピンなど人材豊富な国がある。

↓

¶3 （論拠の問題点と、それを上回る利点）
　a. 外国人労働者受け入れには問題もある。
　b. しかし、最も現実的な解決策である。
　c. 競争が社会を活気づけるという面もある。

↓

¶4 （Conclusion）
a. かつて日本も外国で働いた。
b. 外国人を拒むことはできない。

◎ 英文例

では、英文例を見てみましょう。

¶1　The declining birthrate in Japan has caused some alarm with respect to the future of its society. In the near future there will not be enough young people to support Japan's increasingly elderly population. The help will only come from abroad.

¶2　Most likely the first wave of foreign workers will be needed in the healthcare fields. This issue was already addressed by the Japanese government over 20 years ago and a possible solution offered was the recruiting of Filipino nurses to work in Japanese hospitals. The Philippines is a country awash in human resources and there are a large number of very qualified and well-trained nurses that would gladly move to Japan to work and study.

¶3　Naturally, there will be difficulties in accepting foreign workers. Some are concerned about the deteriorating security condition in society; some complain that they will lose their jobs or their wages may decline. However, given the current outlook, allowing more immigrant workers seems to be the only logical choice. They will certainly bring intense competition into our society, but at the same time, the competition will build a vigorous, energetic country.

¶4　In the past, a lot of Japanese people worked abroad and brought home great wealth. We cannot prohibit foreigners from coming to our country. (210 words)

POINTSに挙げられた語句から、まず¶1（Introduction）として、少子化という現代日本の問題を取りあげるのはイメージしやすかったと思います。

続いて¶2で、外国人労働者を導入する場合、どこの国からか、どのような分野にか、どのような形でか、などを具体的に考えます。現在、日常生活の中で外国人労働者に接する機会も多いので、自分の見聞を生かして述べていけばいいでしょう。

¶3では、外国人労働者受け入れの問題点にふれておきます。これもごく常識的な範囲で十分。反対論をしっかり斥け、あらためて主張を、できれば英文例の「競争」への言及のように、別の角度から打ち出します。

¶4 (Conclusion) は、例によって簡潔にまとめます。ここまで書いてきたことの単なる繰り返しにならないよう気をつけましょう。

POINTSの語句で今回用いなかったWorking visa（就労ビザ）、Refugee（難民）、Employment mobility（雇用の流動化）を使った例文を挙げておきますので、参考にしてください。

> a. It was impossible for me to work in Japan because I couldn't obtain a working visa.
> b. Japan is still reluctant to accept refugees in spite of international requirements.
> c. What will the increasing employment mobility bring to our society?

全訳例

¶1　日本の出生率低下は、社会の将来についての懸念材料となっている。近い将来、日本の増大する高齢者を支える若者は足りなくなるだろう。助けは海外に頼るしかないのだ。

¶2　ほぼ間違いなく、大勢の外国人労働者が第一に必要となるのは医療分野だろう。この問題は既に20年以上前に日本政府が取り組み、提示された可能な解決策は、日本の病院で働くようフィリピン人看護師を募集することだった。フィリピンは人的資源が豊富な国であり、非常に有能で十分な訓練を受けた看護師が多数いて、仕事や勉強のために喜んで来日してくれるのである。

¶3　もちろん、外国人労働者を受け入れるには問題もあるだろう。社会の治安悪化を不安がる人もいれば、失業したり、賃金が低下したりするとこぼす人もいる。しかし現在の見通しからすると、移民労働者をもっと受け入れるのが唯一の理に

かなった選択だと思われる。確かに私たちの社会に激しい競争をもたらすだろうが、同時に、その競争が生き生きした活発な国を築くのだ。

¶4　昔、多くの日本人が海外で働き、大きな富を持ち帰った。外国人がわが国に来るのを禁じることなどできないのである。

◎ 語句について

◎alarm「不安、恐怖」
◎with respect to A「A に関して」
◎most likely「十中八九」
・wave「集団の移動、押し寄せること」
◎address an issue「問題に取り組む」
・a possible solution offered「提示された可能な解決策」
※offered は過去分詞で、solution を修飾しています。
・awash in A「A が豊富な」
◎human resource「人的資源、人材」
◎a large number of A「非常に多数の A」
◎be concerned about A「A について心配している」
◎given A「A を考えれば」
※この given は前置詞と考えていいでしょう。
・bring home「O を自国に持ち帰る」
◎prohibit O from *do*ing「O が…するのを禁止する」

※例文の訳
a．私は就労ビザを取得できなかったので、日本で働けなかった。
b．国際的な要請があるにもかかわらず、日本はいまだに難民を受け入れたがらない。
c．雇用の流動化が進むことで、私たちの社会に何がもたらされるのだろうか。

第5章
300語以上の英文に挑戦!

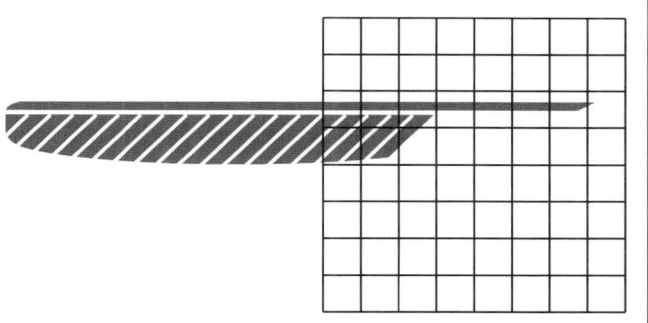

第36講　300語の英文エッセイ 1

　TOEFL では、Independent Writing Task として、300語以上のエッセイを書くことが求められます。POINTS はありませんが、基本的には、これまでやってきた200語問題の拡大版と考えてかまいません。TOEFL を受けない人も、さらに力をつけるために、総仕上げのつもりで挑みましょう。
　まず、次の TOPIC を読んでみてください。

> TOPIC: Can electronic books create a new culture?

こういった問題にどのように取り組めばいいのかを一緒に考えていきましょう。

◎ 英文例

さっそく英文例を見てください。「電子ブックは新たな文化を創造できるか」にYes の立場から書かれています。

¶1　In today's world, it is said, more and more young people are reading less and instead turning to their computers and gaming consoles. I think the electronic book and its high-tech approach to reading can help make reading "cool" again, and in turn, build literacy too.

¶2　In the early 1980's some Japanese electronics manufacturers attempted to introduce electronic book readers to the public. At the time, the book readers were heavy, expensive, and the number of titles available was quite small. The electronic book readers were not easy on the eyes, either. The idea was ahead of the technology of the day. Now 30 years have passed since then, and we see that the Amazon Kindle, an electronic book, is one of the hottest selling electronic devices in America. It is small, thin, very lightweight, has long battery life, and the screen looks like real paper. You can download books, magazines and newspapers anywhere, anytime, without an Internet connection of cell phone contract.

¶3　The Kindle, and others like it, are creating a new culture of information addicts. With the use of Wi-Fi and ever-improving cell phone technology, the new electronic books are becoming easier to get material for since the manufacturers will often pair up with a certain bookstore, magazine or newspaper to make a wide variety of content available to the information-hungry customers.

¶4　The electronic books themselves may transform education, too. Imagine that in the very near future, students would no longer need to use heavy paper texts, but instead could have all their textbooks, and even an entire encyclopedia on their own electronic book. The savings in printing costs, not to mention the reduction in the money needed for schools to buy paper texts and reference books, would be a welcome saving to financially-strapped school districts all over the world.

¶5　Electronic books will surely contribute to the creation of a new culture. They are likely to bring about a revolutionary change in our society, as did Gutenberg. (329 words)

　さすがに300語となると、かなり準備をした上で取りかからねばならないと感じられたのではないでしょうか。なんとなく書き進めてもたちまち行きづまってしまいますし、構成も粗雑なものになりがちです。焦ることなく全体像をスケッチすることから始めてください。

　まず、テーマに対してYesで答えると決めます（¶1＝Introduction）。

　どのような論拠がありえるでしょうか。「手軽さ」はすぐに思いつける要素だと思います。どこにでも持ち運べるだけでなく、テキストの入手も容易。本だけでなく新聞や雑誌もこれ1つですむ…などと具体的なイメージを挙げてみましょう（¶2・¶3）。

　次に第二の論拠です。英文例では「教育の場で有効」という点を取りあげています。ほかにも、個人で独自のアンソロジーを作れるとか、音声機能の向上で目の不自由な人たちに役立つなど、さまざまな使い方の提案や社会への影響を述べ

ることができるでしょう（¶4）。

　論拠という骨組みが決まったら、あとは肉付け。知識があれば、英文例のように、電子ブックの今昔に言及するのもいいし（¶2）、もし自分が利用していたり周囲に利用者がいたりすれば、使ってみての感想や意見を書いてもいいでしょう。「電子ブックのことなど考えたこともなかったから何も思いつかない」という人も、電子辞書ならすぐにイメージできるはず。何か手がかりを見つけ、そこから膨らませていってください。

　最後は簡潔なまとめです。これは200語エッセイと同じです（¶5＝Conclusion）。

■□■ エッセイの構造

英文例の内容を整理します。メモを作る際の参考にしてください。

¶1　（Introduction）
　a. 今日、読書しない若者が増えている。
　b. 電子ブックは読書を変え、読み書き能力も向上させるだろう。
↓
¶2　（論拠1：手軽さ）
　a. 30年前に電子ブックは登場したが、技術が追いついていなかった。
　b. 現在は技術が飛躍的に進歩。
　c. アマゾン・キンドルなどが既に人気を博している。
↓
¶3　（論拠の補足）
　a. 情報入手が容易になっている。
　b. 電子ブックは新しい文化を創造し始めている。
↓
¶4　（論拠2：教育での利用）
　a. 電子ブックは教育を変容させる可能性もある。
　b. 費用が削減できるため歓迎されるはずだ。
↓
¶5　（Conclusion）
　・グーテンベルクのように大きな変化を社会にもたらすだろう。

全訳例

¶1　今日の世界では、読書しない若者が増え、代わりにコンピュータやゲーム機に向かっていると言われる。私は、電子ブックとそのハイテク読書法が読書を再び「かっこいい」ものにし、さらに読み書き能力の育成に役立つと思う。

¶2　1980年代前半、日本の電機メーカーは電子ブックを市場に出そうと試みた。当時、電子ブックは重く、高価で、入手できるタイトル数もわずかだった。その電子ブックは目にも優しくなかった。アイディアに時代の技術が追いついていなかったのだ。あれから30年がたち、アマゾン・キンドルという電子ブックがアメリカでは最もよく売れる電子器具の1つとなっている。これは小型で薄く、非常に軽量で、バッテリーも長持ちするし、画面は本物の紙のように見える。いつでも、どこでも、携帯電話契約のインターネット接続なしで、本や雑誌や新聞をダウンロードできる。

¶3　キンドルやそれに類したものは情報中毒者の新たな文化を創りつつある。ワイファイ（無線ラン）や日進月歩の携帯電話技術を使い、新しい電子ブックは情報を入手するのがより簡単なものになりつつある。メーカーは情報を欲しがる購買者に非常に多様な内容が入手できるようにするため、書店や雑誌や新聞と提携することが多いからである。

¶4　電子ブックは教育も変容させるかもしれない。想像してほしい。ごく近い将来、生徒はもはや重い紙の教科書を使う必要がなく、代わりに、全教科の教科書と百科事典さえ丸ごと自分の電子ブックに持てるかもしれないのだ。紙の教科書や参考書を買うのに必要な費用を減らせるのは言うまでもなく、印刷経費の節減も、世界中の財政が苦しい校区では歓迎されるだろう。

¶5　電子ブックは間違いなく新たな文化の創造に寄与するだろう。グーテンベルクのように、社会に革命的な変化をもたらす可能性も高いのである。

語句について

・gaming console「ゲーム機」
・build literacy「読み書き能力を育成する」
◎ahead of A「Aに先んじて」
・the hottest selling electronic devices「最もよく売れる電子器具」
◎ever-improving「日進月歩の」

・the new electronic books are becoming easier to get material for「新しい電子ブックは情報を入手するのがより簡単なものになりつつある」
※to get material for は easier を修飾。この for は「the new electronic books のために」ということ。
◎pair up with A「A と提携する」
◎a wide variety of A「非常に多様な A」
◎in the very near future「ごく近い将来に」
◎not to mention …「…は言うまでもなく」
◎be likely to *do*「…する可能性が高い」
◎bring about「O をもたらす」
・as did Gutenberg「グーテンベルクがそうしたように」
※この did は brought about a revolutionary change in our society のこと。主語は Gutenberg（15 世紀ドイツの活版印刷術発明者）。

第37講 300語の英文エッセイ2

300語以上の英文を書くという課題を続けます。次の TOPIC を読んでください。

> TOPIC: You can stay either in a space station or in a foreign country you choose for two weeks. Which will you choose?

「2週間を過ごすとしたら宇宙ステーションか、外国か」という選択です。もちろん、どちらを選んでもかまいませんが、外国旅行の場合は地名などの固有名詞を正確に書けることが必須。常識的な固有名詞は意識して覚えるようにしてください。

外国旅行については次回で取りあげることにして、今回は宇宙ステーションを選んで書いてみましょう。

■ ライティングのためのプラン

以下のような**展開図**を基にします。

¶1 (Introduction)
・2週間を過ごすとしたら宇宙ステーションを選ぶ。

↓

¶2 (論拠1)
 a. 子ども時代にアポロの月着陸を見た。
 b. それ以来、宇宙探検に憧れていた。

↓

¶3 (論拠2)
 a. 無重力状態を経験してみたい。
 b. ステーション内での経験。
 c. ステーション外での経験。

¶4　(論拠3)
　a. 宇宙空間から地球や月を眺めてみたい。
　b. 地球はどのように見えるのか？

¶5　(Conclusion)
　・宇宙での滞在は私の意識を変えるだろう。

英文例

では、英文例を見てみましょう。

¶1　If I were given this choice, on first thought, I would be very tempted to stay in the space station for two weeks. The opportunity to travel into space is rare enough, but to live there for two weeks is something that very few people ever get to experience, nowadays.

¶2　I remember watching the live television coverage of the Apollo missions to the moon when I was a child. People all over the world were excited to see two people walk on another heavenly body for the first time in human history. Space exploration has fascinated me and stimulated my imagination since then.

¶3　I have always wished to experience weightlessness. They say that after showering in space, you have to vacuum the water off your body. I cannot really imagine what that is like. Just taking a shower, going to the toilet, and simply eating are quite different tasks on the space station. Of course, I would also love to experience the gravity-free state outside the space station: to float around the station — though I may not want to return to walking. I would like to try all of those things during the weeks in space.

¶4　Just imagining constantly seeing the Earth below and the moon directly in front of me, all with the star-studded backdrop of the universe, is enough to intoxicate me. Would our planet look like a blue jewel or a living creature? I picture myself sitting at the windows of the space station and just gazing in wonder at the beauty of it all.

¶5　To spend two weeks on the space station would give me a greater appreciation of our world, its beauty, its fragility, and convince me that we are not all separated, but are in fact one people, on one world. I am sure I would come away from such a trip a changed person. (313 words)

　　骨組みとなるのは「なぜ宇宙に行きたいのか」「宇宙で何をしたいのか」の2点に尽きるでしょう。できるだけ詳しく具体的に説明してください。日本人も宇宙飛行士としてNASAのミッションに参加して活躍することが多くなり、自然に報道も増えていますから、さまざまな情報に接していると思います。印象的なエピソードを1つでも盛り込むことができればOKです。

全訳例

¶1　この選択を迫られたら、まず考えるのは、宇宙ステーションで2週間過ごす方に強く惹かれるだろうということだ。宇宙に行くだけでも十分にまれな経験だが、2週間も暮らすというのは、今でも経験できる人がほとんどいないことである。

¶2　私は子どものときにアポロの月着陸のTV生中継を見た記憶がある。世界中の人々が、人類史上初めて2人の人間が別の天体を歩くのを見て興奮していた。あの時以来、宇宙探検は私を魅了してきたし、想像力を刺激してきたのだ。

¶3　私は無重力状態を体験したいとずっと思っていた。宇宙でシャワーを浴びると、身体から水を機械で吸い取らねばならないそうだ。それがどのようなものか実際に想像できない。シャワーを浴びたり、トイレに行ったり、単に食事をすることだけでも、宇宙ステーションではまったく違った作業になるのだ。もちろん、無重力状態は宇宙ステーションの外でも経験したい。つまり、ステーションの周囲を遊泳できたらと思う。通常の歩行には戻りたくなくなるかもしれないが。私はこういったことを全部、宇宙での2週間でやってみたい。

¶4　星がちりばめられた宇宙を背景にして、ただ眼下に地球と、真正面に月を絶えず見ると想像するだけで私は陶酔する。地球は青い宝石のように見えるのだろ

うか、それとも生き物のように見えるのだろうか。私は宇宙ステーションの窓辺に座り、目に映るすべての美しさにうっとりと見入る自分を思い描く。

¶5　宇宙ステーションで2週間過ごすことで、私は地球とその美しさ脆さについての理解を深め、私たちがバラバラではなく、実は1つの世界の1つの人類なのだと確信するだろう。私は、そのような旅を終えたら、きっと別人になって帰ってくるだろうと思う。

語句について

・on first thought「まず考えるのは」
◎be tempted to *do*「…した方がいいという気になる」
・get to *do*「…する機会・特権を得る」
◎remember *do*ing「…したことを覚えている」
※remember to *do*「忘れずに…する」との違いに注意してください。
・what that is like「それがどのようなものか」
・all with the star-studded backdrop of the universe「星がちりばめられた宇宙を背景にして」
◎picture *one*self *do*ing「自分が…しているところを思い描く」
◎in wonder「うっとりして」
◎convince O that S V「O（=人）に…だと確信させる」
・come away from such a trip a changed person「そのような旅を終えたら、別人になって帰ってくる」
※このa changed personは補語。「別人として旅から戻る」ということです。

第38講 300語の英文エッセイ3

TOPIC: You have one month of vacation. You can go anywhere during that time. Where would you like to go?

このTOPICに対し、「海外旅行をする」という内容で300語以上の英文を書いてみましょう。前回言ったように、地名など固有名詞を正確に書けることが前提ですから、行先は慎重に選んでください。「国内旅行をする」と答える場合でも、土地や事柄について英語で説明しなければならなくなる可能性があるので、国内と海外のどちらが簡単かということは一概に言えません。

ライティングのためのプラン

以下のような**展開図**を基にします。

¶1 （Introduction）
　a. 1ヶ月間ゆったり旅行したい。
　b. 中国、モンゴル、ロシアを見て回る。
↓
¶2
　a. 上海からシベリア鉄道で北京へ行く。
　b. 禁紫城や万里の長城を訪ねる。
↓
¶3
　a. ウランバートルへと向かう。
　b. 「喉歌の歌い手」を捜しだし、その歌い方を学ぶ。
↓
¶4

a. ロシアのバイカル湖へ行く。
b. 泳いだりハイキングをしたりして、少なくとも3日は過ごす。

↓

¶5
a. ペテルスブルグへ行く。
b. エルミタージュ美術館や名所旧跡を見る。
c. 建築物は昔から見たいと思っていた。

↓

¶6 （Conclusion）
a. 最後にモスクワへ行く。
b. 赤の広場やクレムリンを訪れる。
c. 旅の最後に大盛りのボルシチを食べる。

英文例

では、英文例を見てみましょう。

¶1　Having one month of vacation would allow me to travel far in a leisurely manner. I have always wanted to take an adventure to see large parts of China, Mongolia and Russia.

¶2　To start my trip, I would like to take a short flight to Shanghai, China, where I would then board the Trans-Siberian Railway and ride it as far as Beijing. There I would disembark and make a visit to the Forbidden City, and then later see the Great Wall and have my photo taken there.

¶3　I would then reboard the railway in Beijing and ride to Ulan Bator, the capital of Mongolia. I would spend several days exploring Mongolia, and search out the so-called "throat singers" and try to learn how they sing.

¶4　From Ulan Bator, I would have to ride several days on the Trans-Siberian Railway to the next stop, which is Lake Baikal in Russia. It is the largest freshwater lake in Asia and is famous as a resort area due to its great natural beauty. I would like to spend at least three days there just swimming and hiking.

¶5　From Lake Baikal, I would move on to St. Petersburg, the "Venice of Russia." There it would take several days for me to look around the famous Hermitage museum, and then a few more days to see the many historical sites around the city. The architecture there is amazing and I have long wanted to see it with my own eyes.

¶6　From St. Petersburg I would make the final leg of the train journey and finish in Moscow. There, needless to say, I would have to visit Red Square, the Kremlin, and all the other places that I have only seen on television and read about. Of course, I'd end up the one month journey with a big bowl of borscht!（305 words）

　このTOPICに対しては、必ずしも旅行に限定せず、たとえばどこかの施設にボランティア活動をしに行く、旧友に会いに行く、などという回答も可能でしょう。さまざまな選択肢の可能性を考えてみてください。

全訳例

¶1　1ヶ月の休暇があれば、ゆったりと遠くへ旅ができそうだ。私は中国、モンゴル、ロシアの広大な地域を見る冒険をしたいとずっと思っている。

¶2　旅の始めに、中国の上海へと飛び、そこからシベリア横断鉄道*1 に乗って北京まで行くだろう。そこで下車して禁紫城を訪ね、万里の長城を見たり、写真を撮ってもらったりしたい。

¶3　北京で再び横断鉄道に乗り込み、モンゴルの首都、ウランバートルへと向かう。数日間モンゴルを見て回り、いわゆる「喉歌*2 の歌い手」を捜しだし、その歌い方を学んでみたい。

¶4　ウランバートルからは、次の駅であるロシアのバイカル湖まで数日シベリア横断鉄道に乗らなくてはならない。バイカル湖はアジア最大の淡水湖で、その素晴らしい自然の美しさからリゾート地として名高い。ひたすら泳いだりハイキングをしたりして、少なくとも3日は過ごしたいと思う。

¶5　バイカル湖からは、「ロシアのベニス」ペテルスブルグへと旅を続ける。ペ

テルスブルグでは、有名なエルミタージュ美術館を見て回るのに数日、街中にある多くの名所旧跡を見るのに更に数日を要するだろう。この街の建築物は驚くべきもので、私は昔から見たいと思っていたのだ。

¶6　ペテルスブルグからは、鉄道旅行の最後の行程を進み、モスクワでゴールだ。モスクワでは、言うまでもないが、赤の広場やクレムリンなど、テレビで見たり本で読んだりしたことしかない場所を訪れてみなくてはならない。そしてもちろん、このひと月の旅を大盛りのボルシチで終えるのである。

＊1 広義のシベリア横断鉄道のこと。
＊2 アルタイ山脈周辺に伝わる、独特の歌唱法。浪曲節のように喉を詰めて歌う。

◉ 語句について

◎allow O to *do*「Oが…するのを可能にする」
◎in a leisurely manner「ゆったりしたやり方で」
◎as far as A「A（＝場所）まで」
◎have *one's* photo taken「自分の写真を撮ってもらう」
◎search out「Oを捜し出す」
◎due to A「Aのせいで」
◎spend O *do*ing「…してOを費やす、過ごす」
◎it takes O for A to *do*「Aが…するのにOを必要とする」
・make the final leg of A「Aの最後の行程を進む」
◎needless to say「言うまでもなく」

第39講 300語の英文エッセイ4

次のTOPICについて、300語以上の英文を書きましょう。

TOPIC: If a doctor said you had six months to live, what would you do?

仮定法を使うことを忘れずに！

■ ライティングのためのプラン

以下のような**展開図**を基にします。

¶1 （Introduction）
　a. ほかの医師に診察してもらって確認を取る。
　b. これまでと大きく異なる生活を送る。

⬇

¶2
（具体例1）会う人すべてとの会話を十分に楽しむ。
　・時間の浪費をやめる。

⬇

¶3
（具体例2）友人や家族に連絡を取る。
　・愛し合い、許し合ってほしいと伝える。

⬇

¶4
（具体例3）子どものためにビデオを撮影する。
　・自分の人生や一族のことを伝える。

⬇

¶5 （Conclusion）

・家族の感情的・経済的安定をはかる。

◎ 英文例

では、英文例を見てみましょう。

¶1　If a doctor said I had six months to live, the very first thing I would do is go to two or three other doctors to get their opinions and try to confirm the first doctor's findings. If, indeed, I did have only such a short time, then my life would probably change greatly.

¶2　I think the biggest change would be that I would not waste any more time. People waste so much time because they assume there is always more time. However, if they know they are going to die soon, then that knowledge would no doubt bring a new appreciation of the value of time. I would make the most of the rest of my life. I would live each day fully and energetically, but I would not rush. I would take my time and enjoy every person I meet, every conversation I have. I would listen to everyone well and give them my time and attention fully.

¶3　I would write, call and get in touch with all my friends and family and tell them how much I love them, and I would apologize to anyone I may have hurt or angered. I would make amends. Then I would tell them to stop wasting time too and not to hold grudges and anger inside. I would tell them to forgive each other and love one another, without reserve.

¶4　I would like to make videos for my children. In those videos, I would tell them stories about my life, childhood, and about my life before I met their mother. I would tell them of my hopes and dreams for them. I would also tell them stories about their relatives that they will never meet.

¶5　Finally, I think I would devote the rest of the time I have to providing for my family's emotional and financial security. I would be with them every day forever. (315 words)

これも時間の使い方を述べさせる問題ですが、半年後に死が迫っているという設定。深刻に考えざるをえません。
　書き方としては、英文例のように、複数の項目を並べていくのと、1つか2つに絞って、それについて詳しく述べるのとがあるでしょう。
　半年あるのだから色々なことができそうだと考え、次々に並べるだけではダメですよ。それぞれについて何らかのコメントを加えてください。
　1つか2つに絞る場合は、ストーリー性のある内容にすると書きやすいかもしれません。たとえば、子ども時代に離ればなれになってしまったきりの友人に会いに行くとか、むかし本で読んで、いつか訪れたいと思っていた国を旅するとか、説明に少し時間のかかる話を、誰かに語って聞かせるように書くとよいでしょう。300語ですから、細部まで丁寧に述べることができます。

全訳例

¶1　医者から余命半年だと告げられた場合、私が真っ先にするのは、2、3人ほかの医師にあたって、最初の医師の所見を確認してみることだ。実際にそんな短い時間しか残されていないとなったら、私の生活はおそらく大きく変わるだろう。

¶2　最大の変化は、もう時間を浪費しなくなることだろうと思う。人は常にもっと時間があると思いこんでいるために多くの時間を浪費する。だが、まもなく死ぬとわかったら、時間の価値に対する評価が新たになるだろう。私は、人生の残り時間を最大限に利用する。毎日を充実してエネルギッシュに生きるだろうが、焦りたくはない。時間をかけて、会う人の全員を、すべての会話を楽しみたい。みんなの話によく耳を傾け、彼らに私の時間と気遣いを十分に与えたい。

¶3　友人や家族に手紙を書いたり電話をかけたりして連絡を取り、どんなに彼らを愛しているかを伝えたいし、私が傷つけたり怒らせたりしたかもしれない人には謝りたい。償いをしておきたいのだ。それから彼らにも時間を無駄にするのをやめるように、恨みや怒りを心の内にため込まないように言う。互いに許し合い、互いに愛し合うように言う、遠慮なく。

¶4　子どもたちのためにはビデオを撮影しておきたい。そのビデオの中で、私の人生、子ども時代、彼らの母親に出会う以前の生活について教えたい。彼らに対する私の希望や夢を伝えたい。彼らが決して会うことのない一族の者にまつわる話も語っておきたい。

¶5　最後に、持ち時間の残りを家族の感情的・経済的安定をはかることに費やし

たいと思う。私はいつまでも日々彼らと共にあるのだ。

◎ 語句について

◎the very first thing「まさに第一のこと」
・did have＝had
◎no doubt「疑いなく」
※副詞句です。
◎make the most of A「Aを最大限に利用する」
◎take *one's* time「時間をかける」
◎get in touch with A「Aと連絡を取る」
◎make amends「償いをする」
◎without reserve「遠慮なく」
◎tell A of B「AにBを語る、伝える」
◎devote A to B「AをBに捧げる、費やす」

第40講 300語の英文エッセイ5

いよいよ最後の課題です。しっかりプランを練って300語以上のエッセイを書いてください。TOPICは以下のとおりです。

> TOPIC: If you could change one important thing about Japan, what would you change?

これも**仮定法**に注意するのをお忘れなく。

ライティングのためのプラン

以下のような**展開図**を基にします。

¶1 〈Introduction〉
　a. 年功序列制度を変えたい。
　b. この制度が日本社会に弊害を及ぼしている。

↓

¶2 〈論拠1：年功序列の弊害1〉
　a. 年齢と能力は一致しない。
　b. 優秀な若者の能力が有効に利用されていない。

↓

¶3 〈論拠2：年功序列の弊害2〉
　a. ノーベル賞受賞者は海外に出て行っている。
　b. 学問研究の進歩を妨げている。

↓

¶4 〈Conclusion〉
　・年功序列制度を廃止し、優秀な研究者の国外流出を防ぐべきだ。

英文例

では、英文例を見てみましょう。

¶1　In Japan, positions of power, leadership and decision-making are usually given totally based upon age. Change in society, therefore, comes far too slowly. If I could change one important thing about this country, I would change the Confucian system of seniority because of all the detrimental effects it has on Japanese society and progress.

¶2　While it is often said that with age comes wisdom, many would argue that this is not necessarily true. What happens to someone in this system who is young, has wisdom, intelligence and great ability? Quite simply, they are ignored or "kept in their place" until they reach the appropriate age. This is a huge waste of Japanese youth and talent. You should imagine how far Japan could develop in all areas if young people with fresh ideas and energy were allowed to use their abilities without fear of alienating or bypassing their elders; if youth, without being the "nail that sticks up" to get hammered down, could advance depending on merit, ability and talent rather than having to bide their time.

¶3　You only need to look at the rather low number of Japanese Nobel Prize winners in science and medicine and hear from them to get a clear idea of how much of Japan's genius is being wasted by this archaic, stifling system of thought. Where did the men study and make a success in their research? They almost exclusively did outside of their native country. When asked as to why they chose to study and research abroad, those winners often lament that in Japan they couldn't have possibly made the advances they did or couldn't have worked at the pace they did because they were constantly being held back by their elders.

¶4　In order to advance and excel, researchers have had to escape from the Japanese system. We should abolish this old system of Confucian belief immediately and thereby encourage our best human resources to remain in their homeland.（326 words）

¶1（Introduction）で、変えたいと思うのが年功序列制度であることを示します。このパラグラフがエッセイ全体の要約もしくはリード（Lead）になるように意識してください。

¶2で論拠の1つめとして、制度への批判を展開します。

¶3で論拠の2つめとして、別の角度からの批判です。ここではノーベル賞受賞者を取りあげ、年功序列がなかった場合の可能性を示唆します。

¶4（Conclusion）は「結論」というより「結び、まとめ」のつもりで簡潔にしめくくります。

自分にとって書きやすい話題に持ち込むことが第一です。何度か言ってきたように、試験で英文エッセイを書く場合、飛び抜けた独創性は必要ありません。無理のない内容を、明快な論理と適切な表現で英語にできれば十分です。必要なのは平易な英文を正確に書ける力。肩肘張らずに取り組みましょう。

全訳例

¶1　日本では、権力やリーダーシップや意思決定を持つ地位がまったく年齢に基づいて与えられるのが普通だ。そのため社会の変化が遅すぎる。もし私がこの国について重要なことを1つ変えられるとしたら、儒教的な年功序列制度を変えるだろう。この制度が日本社会と進歩に及ぼしている有害な影響のゆえである。

¶2　年齢と共に知恵は増すとよく言われるが、これが必ずしも真実でないことは多くの人が主張するだろう。この制度で、知恵や知性や大きな能力を持つ若者はどうなるだろうか。はっきり言って、年相応になるまで無視されたり、「身の程をわきまえさせられたり」するのである。これは日本の若さと才能の大きな浪費だ。斬新なアイディアとエネルギーを持った若者が、先輩に反感を抱かれたり、先輩を出し抜いたりすることを怖れずに能力を発揮することを許されるなら、若者が、「出る杭」になって打たれたりせず、好機を待つ必要はなく、長所や能力や才能次第で進んでいけるなら、日本がどれほど発展できるか想像してみるべきなのである。

¶3　この時代遅れで息苦しい思考体系によっていかに多くの日本の英知が浪費されているかをはっきり知るには、科学や医学部門の日本人ノーベル賞受賞者の少なさに注目し、彼らから話を聞くだけでよい。この人たちはどこで学問し、研究

で成功を収めたか。ほとんどまったく母国以外で行なったのである。なぜ海外で学問や研究をすることを選んだのかと問われると、受賞者たちはしばしば、日本ではたえず先輩に足を引っ張られるため、自分がしたような進歩は到底できなかっただろうし、自分のペースで研究することも無理だっただろうと嘆く。

¶4　向上し、抜きん出るため、研究者は日本の制度から脱出しなくてはならなかったのである。儒教的な考え方のこのような古くさい制度はすぐに廃止し、それによって、最も優秀な人材を彼らの祖国にとどめておくように促すべきである。

語句について

◎based upon [on] A「Aに基づいて」
・Confucian「儒教的な」
※英語で「孔子」はConfuciusです。
◎system of seniority「年功序列制度」
◎have an effect on A「Aに影響を及ぼす」
◎quite simply「率直に言うと」
◎keep *one* in *one's* place「人をつけあがらせない、身の程をわきまえさせる」
◎fear of A「Aに対する恐れ」
◎The nail that sticks up is certain to be hammered down.「出る杭は打たれる」
※a Japanese proverbとして英語の辞書にも載っています。be certain to *do* は「必ず…する」。
◎depending on A「A次第で」
・bide *one's* time「好機を待つ」
◎get a clear idea of A「Aをはっきりと知る」
◎make a success「成功を収める」
◎as to ～「～について」
◎couldn't have possibly *done*「とうてい…できなかっただろう」
◎make an advance「進歩・向上する」
◎hold back「Oを妨げる」
◎excel「秀でる」
◎thereby「それによって」
◎encourage O to *do*「～するようOを促す」

おわりに

　日本語の文でも同じことが言えますが、読んでいない人は書けません。優れた文を書くためには優れた文を読むことが必須です。先人の文章に感心して、それを模倣するところから文章修行が始まるのは古今東西同じ。大いに読み、そして書きながら考え、考えながら書きつづけていってください。ご健闘をお祈りしております。

書ける！英語ライティング問題

2011年9月1日 初版発行

●著者●
奥中規夫＋ランダル・オエン・ペニントン Jr.
© Norio Okunaka + Randall Owen Pennington Jr., 2011

●発行者●
関戸　雅男

●発行所●
株式会社　研究社
〒102-8152　東京都千代田区富士見 2-11-3
電話　営業 03-3288-7777 (代)
　　　編集 03-3288-7711 (代)
振替　　　 00150-9-26710
http://www.kenkyusha.co.jp/

●印刷所●
研究社印刷株式会社

●表紙デザイン・本文レイアウト●
寺澤　彰二

ISBN978-4-327-45242-1 C1082 Printed in Japan

KENKYUSHA
〈検印省略〉